女性のための50歳からの筋トレ入門

パーソナルトレーナー／
全日本ボディビル6連覇
西本朱希

かんき出版

50歳からの筋トレには、いいことがいっぱい！

1

50歳からの
女性の筋トレは、
効果が見えやすい！

→ 26ページ

2

メリハリのある
引き締まった身体が
手に入る！

→ 28ページ

3

年を重ねても
元気に動ける
身体になる！

→ 30ページ

4

更年期を
乗り越える
支えになる！

→ 32ページ

5

自然と食事にも
気をつかえる
ようになる！

→ 34ページ

はじめに

50歳からの女性にこそ、ウエイトトレーニングがおすすめです！

はじめまして。パーソナルトレーナーの西本朱希《あき》と申します。

私は40年近くウエイトトレーニングを続け、更年期を過ぎた今でも筋トレを欠かさない日々を送っています。30〜40代のころには、**女子日本ボディビル選手権大会で7回の優勝**を経験したこともあります。

こう書くと、プロやそれを目指すような人向けに、ストイックでハードな筋トレを指導していると思われるかもしれませんが、私は独立前には、地方公務員として中高年対象の筋トレ指導を担当していました。

今でも、自分と同年代や年上の一般の方々に、筋トレを指導しています。

そんな私が書いたのが、この『**女性のための50歳からの筋トレ入門**』です。

「手にとってはみたけど、筋トレってやっぱり男性のほうが得意なのでは？」「気にはなるけど、実際できるかは半信半疑」と思っている方も多いかもしれませんね。

でも私は心から、**50歳からの女性にこそ、ウエイトトレーニングをしていただきたい**と思っていますし、**50歳からの女性こそ、ウエイトトレーニングの効果が見た目に出やすい**とすら思っているのです。

最近は、女性がウエイトトレーニングでつくり上げた身体を競う、さまざまな競技が開催されています。

なかでも「フィジーク」というカテゴリーは、各筋肉の発達度やバランス・体脂肪の薄さ・女性らしい美しさを競うもので、50歳を過ぎてからトレーニングを始めた方も多く参加されています。最初は「健康づくり」のためにトレーニングを始めただけだったのが、いつの間にか人に見てもらいたくなるようなメリハリのついた身体へ変貌していくため、フィジークを目指される方が増えてきているようです。

実は、ここ最近この競技で主に活躍している選手は、**全日本チャンピオンも含めて50～60代が中心**です。

年齢を重ねて女性ホルモンの影響をさほど受けなくなってくると、若い女性がとても気にする「ムチムチした身体」から解放されて、付けた筋肉が減量によってきちんと見えやすくなるため、歳をとったことが評価に有利に働くのです。

一方で、50代と言えば、更年期症状に悩まされる方も多いでしょう。

私もその一人です。詳しくは後述しますが、私が肉体的にも精神的にもきつかった更年期を乗り越えられたのは、ウエイトトレーニングのおかげでした。

50代は、年齢を重ねて出てくるさまざまな変化に自信を失いがちな時期ですが、**「筋トレの効果は、むしろ今が出やすいのだ！」**と前向きにとらえて、50歳を過ぎてからでもトレーニングでどんどん身体の見た目を若返らせていってもらいたいなぁ……と、私は思うのです。

女性の身体と男性の身体は、筋肉の強さも、骨の強さも大きさも違うので、**女性には女性向けのトレーニング方法があります。**

本書は、私が50～70代の女性にもトレーニング指導をしてきた経験をもとに、女性のためのウエイトトレーニング方法をできるだけわかりやすくまとめました。

第1章では、冒頭でご紹介した「50歳からの女性にこそ筋トレがおすすめの理由」をもう少し詳しくお伝えします。

第2章では、トレーニングの効果を上げるための基礎知識をまとめています。

第3章では、具体的なトレーニング種目を12種、ご紹介します。本当は第2章から読み進めることがおすすめですが、「まずは身体を動かしてみたい！」という方は、ここから読み始めても構いません（実際に身体を動かすことで、第2章の内容がよく理解できる、ということもあると思いますしね）。

第4章ではトレーニングのことから食事のことまで、みなさんが疑問に思うであろうことにQ＆A方式でお答えしています。

ぜひ、あなたのこれからの人生にウエイトトレーニングを加えて、身体の見た目をどんどん若返らせていきましょう！

パーソナルトレーナー　西本朱希

ウエイト
トレーニングを
楽しむみなさんを
ご紹介！

01

● **H.K** さん（70 代）

筋トレを始めたきっかけ

50 ～ 60 代での入院体験で、身体の大切さを実感したこと。今は週３～４回、２年くらい継続的な筋トレを続けています。

筋トレを始めてよかったこと

猫背の改善、身体のゆがみの自覚など。

メッセージ

誰でも一歩目は気後れします。でも筋トレ女子は増えていますし、ジムの筋トレ男子はおおむね親切で、こわくないです。

長期入院が必要な２回の大病後、身体づくりのためにと本格的な筋トレを開始されたＫさん。若いころは運動経験はまったくなかったそう。最近はデッドリフトやスクワットにもチャレンジし、一人でもコツコツ練習しながら、猫背や身体のクセなども努力で改善されていらっしゃいます。私も見習わなければといつも感じます。

ジムで一緒に歩いていた若い方より、Kさんの姿勢がよかったことに私は気づいちゃいました！

ウエイトトレーニングを楽しむみなさんをご紹介！

02

K.I さん（50 代）

筋トレを始めたきっかけ

運動不足解消のために、スポーツクラブに入会したこと。今は週 5 回、10 年くらい続けています。

筋トレを始めてよかったこと

生活習慣が整う。姿勢がよくなり、気持ちも前向きになる。体脂肪がつきづらくなる。メリハリボディになれる。自分に自信が持てると、おしゃれを楽しめたり、太るのを気にせず食事ができたりする。

メッセージ

女性は筋トレしてもホルモンの違いで男性のようにムキムキにはなりません。逆に引き締まった太りづらい身体を手に入れることができます。何歳からでも遅いということはありません。思い立ったら今すぐ実行を……！

I さんのことはスタジオレッスンに通っている様子しか知らなかったので、久しぶりにジムでお会いしたときに「どこのカッコイイ選手だ？」と勘違い。筋トレを始めたら身体が変わり始め、筋トレのためだけにジムに通う毎日になったそう。高重量も扱えるようになりたいと、現在さらなる高みを目指して頑張っていらっしゃいます。

18kg ダンベルでのインクラインダンベルプレスの様子。なんと半年で重量4kgアップ！

ウエイト
トレーニングを
楽しむみなさんを
ご紹介！

03

M.T さん（70 代）

筋トレを始めたきっかけ

怪我の改善のため。20年以上にわたり、週5～6回のトレーニングを続けています。

筋トレを始めてよかったこと

生活リズムができ、前向きな時間を積極的に過ごすようになりました。

メッセージ

トレーニング後の達成感は心を豊かにすると思います。

もともと膝の痛みの改善のために筋トレを始めたTさんは、70 歳を超えた今もフィジーク選手。年齢的には高強度のトレーニングが厳しくなるのが当然ななか、若い選手らに勝つ姿に感動します。関節を守るためにシーズン後は 10％ほど体脂肪を増やしますが、試合時のビキニ姿がここまでカッコイイ 70 代女性はいないと思います。

70代の今でも、
ご主人の体重と
同じ重さをかつい
でトレーニング！

もくじ

第1章 50歳からの女性の筋トレには、いいことがいっぱい！

第2章

準備編　トレーニングの効果を上げるための基礎知識

第3章

実技編　全身鍛える！おすすめウエイトトレーニング12選

第4章　こんなときどうする？筋トレの気になるQ&A

ブックデザイン…Isshiki
人物、器具イラスト…さとうりさ
筋肉イラスト…ピクスタ

タイプ別・おすすめの読み進め方

1
ジム未経験だけど実は興味があって、筋トレしてみたい！

第1章、第2章を流し読みする。

最初はじっくり読む必要はありませんが、ざっと目を通しておくとトレーニングを効果的に進める道しるべになります。「肩甲骨のセッティング（Ｐ41）」は実技編に頻繁に出てくるので、先に読んでおくと理解しやすくなります。

2
スタジオレッスンには参加している。筋トレも気になるけど、やり方がわからない…

Ｐ68「ウォーミングアップエクササイズ」をやってみる。

運動を普段ほとんどしていない方は、このエクササイズを一通りやるだけでも筋肉痛になることがあります。その場合は、まずこれ

3
マシンは使ったことがあるけどフリーウエイトは未経験

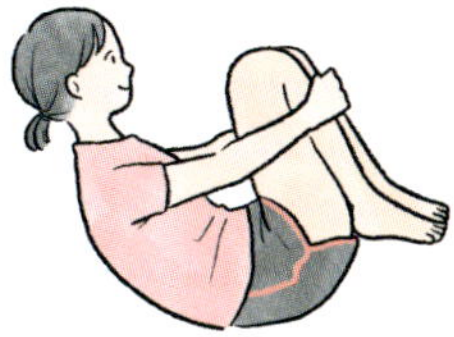

を毎日または1日おきにやって、トレーニングを始める基礎体力をつけてみましょう。これだけでも見た目に変化が現れる方も意外と多いですよ！

第3章を見ながら「エアー」で身体を動かしてみる。

「初心者はここから！」を参考に、トレーニング動作の練習をしてみましょう。1日に1種目でも、いくつかの種類にチャレンジしてみてもOK！

ジムで器具を触りながら、トレーニングフォームを練習してみる。

はじめは順番など気にせず、できそうな種目から、負荷をかけずに（またはごく軽い負荷で）練習してみましょう。ジムによって設備が異なるので、器具がない場合はできる種目だけでOK！

第2章を読み返して、トレーニングの進め方やポイントを確認する。

Q&Aなどを時間のあるときにチェックしてみる。

はじめに知っておきたい筋トレ知識

トレーニングの種類

マシントレーニング

鍛える部位ごとに設計されている専用のマシン。軌道が決まっているので、初心者でも安定したフォームでトレーニングができる。

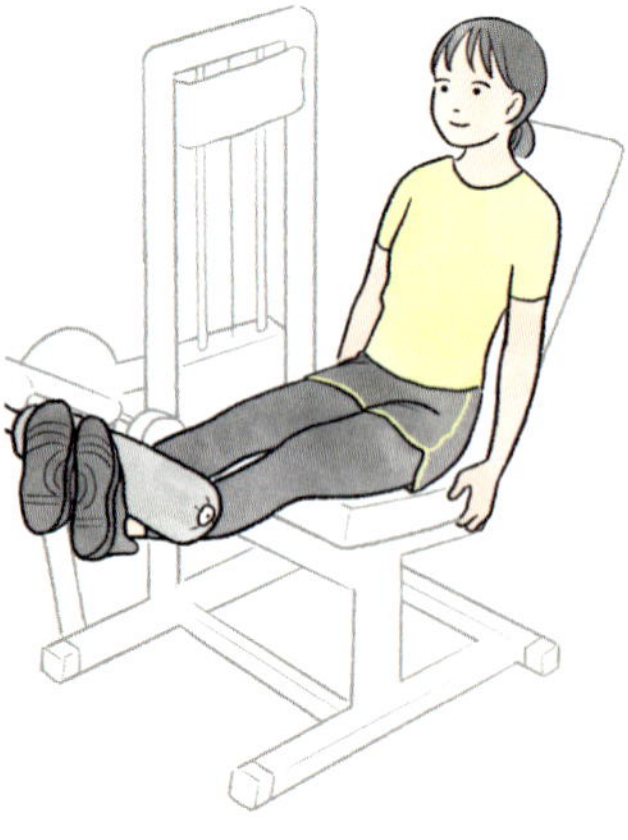

フリーウエイトトレーニング

ダンベルやバーベルなどの重量を持ち上げておこなうトレーニング。自由度が高く、器具の使い方によってさまざまな筋トレができる。

主なジムの種類と特徴

公営ジム

自治体が運営しているジム。地域住民であれば安価で利用できるが、民間の施設と比べると設備や規模が劣ることが多い。

パーソナルトレーニングジム

専属のトレーナーからマンツーマンで指導してもらえるので、自分のレベルに合わせたトレーニングができる。その分、利用料金は高くなる。

フィットネスクラブ

トレーニングマシンなどのほか、スタジオやプールなどの設備もあり、ヨガやダンスなどのスタジオレッスンも受けられる。トレーナーやインストラクターが常駐している。

スポーツジム

トレーニングマシンやランニングマシンなどがあり、自分のペースでトレーニングできる。近年は24時間営業のジムもある。フィットネスクラブやパーソナルトレーニングジムと比べると利用料金は手ごろ。トレーナーは常駐していないこともある。

基本の器具と使い方

パワーラック　バーベルを使ってトレーニングをする器具

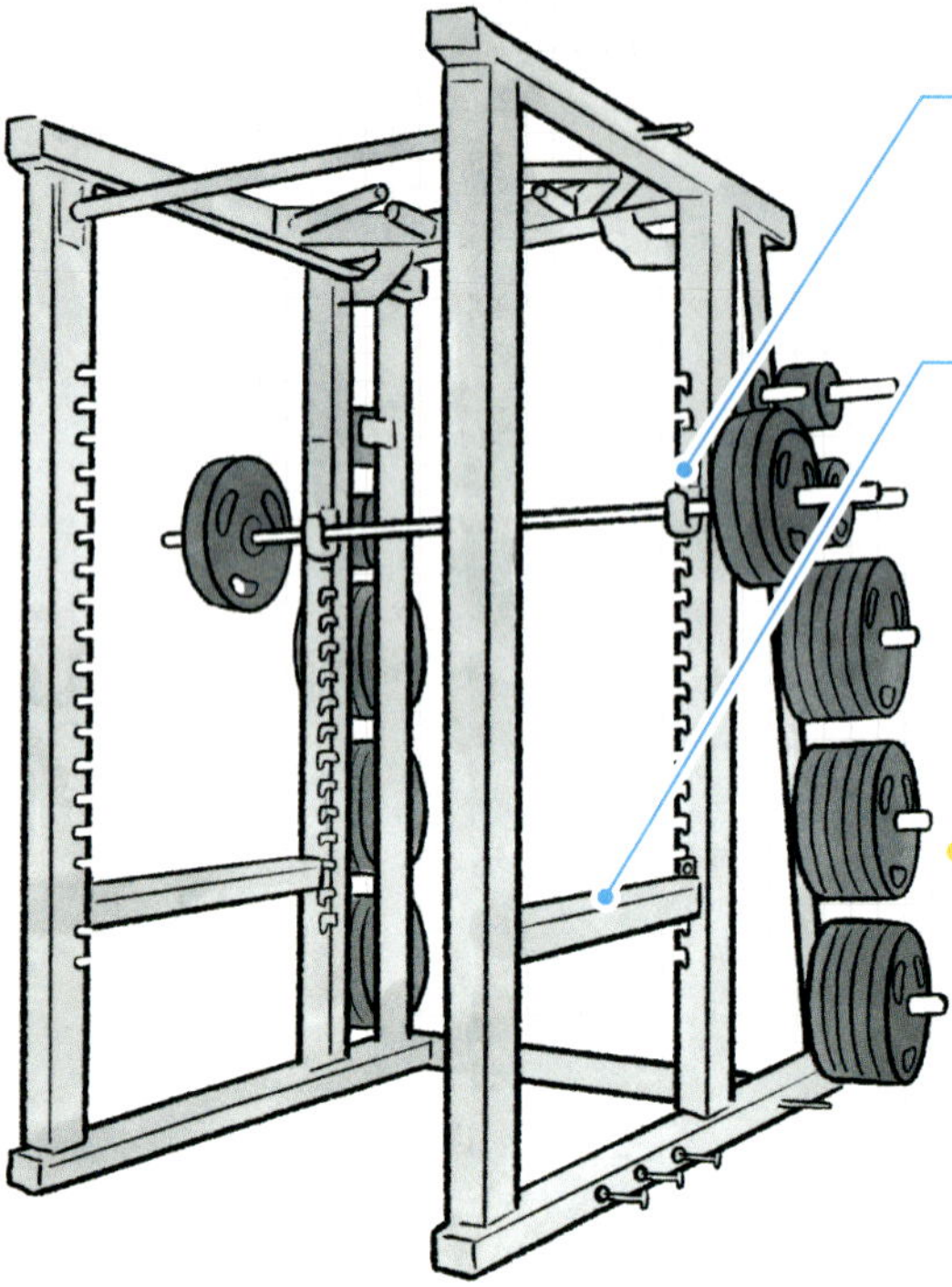

バーベルラック

バーベルを置くところ。高さを変えられる。

サイドストッパー

バーベルを置くところ。高さを変えられる。バーベルで自身がつぶされないようにするセーフティーバーの役割もある。

バーベルラックやサイドストッパーの位置変更は、まずはトレーナーさんに一通り教わりましょう。

バーベル　シャフトに重りを付けた器具

プレート　重り。さまざまな重さがあり、負荷を変えられる。

シャフト（バー）

鉄の棒で、持つ部分。

カラー

シャフトからプレートが外れないようにするための留め具。

パワーラックのバーはそれだけで20 kgあります。最初はバーだけでやってみましょう！

ダンベル

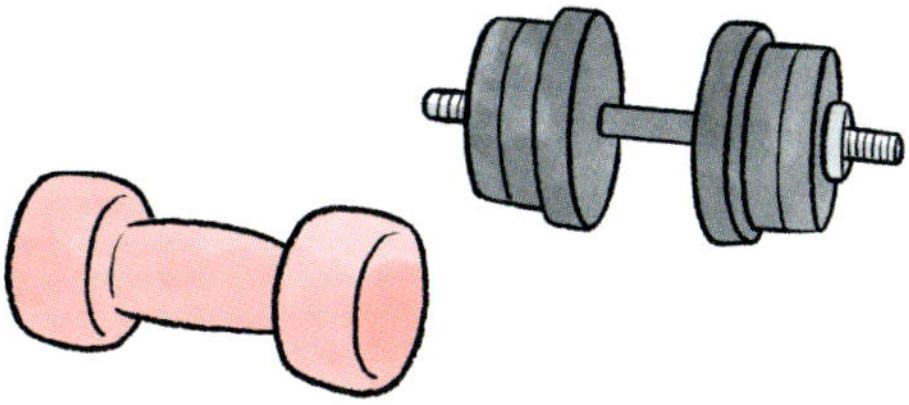

鉄の棒に重りが付いた器具で、バーベルのように重さを変えられるものと、重さが固定のものがある。

フラットベンチ

水平のトレーニング用ベンチ。

インクラインベンチ

座面と背もたれの角度を変えられるトレーニング用ベンチ。

こうしたベンチ台も想像以上に重いのです！ 扱い方をトレーナーさんに教わっておくといいですよ。

※怪我や持病がある方は、決して無理をせず、必ず医師に相談のうえトレーニングをおこなってください。
※トレーニング中に身体に違和感が出た場合は中断し、必要に応じて医師に相談してください。

第1章

50歳からの女性の筋トレには、いいことがいっぱい！

メリット 1

50歳からの女性の筋トレは、効果が見えやすい！

筋トレにはさまざまな効果があります。そのうち、「高重量を上げる」とか「素早く動く」などの効果が表れやすいのは、男女問わず30代前半までなのは明らかです。

しかしながら冒頭でお伝えしたように、フィジークの上位選手を見てみると、男子は20〜40代であるのに対して、女子は50〜60代です。女性の場合、**トレーニングによる見た目の変化は、50歳からのほうが、むしろ表れやすいと考えてもよさそうです。**

若いうちは代謝が活発ですが、歳をとれば若いときほど代謝を上げる必要がなくなり、代謝機能自体が衰えていきます。代謝が落ちればエネルギーの消費量も落ちますから、「歳をとると脂肪がつきやすくなる」と考えるのは当然です。

しかし、「性ホルモンの影響」も含めて考えると話は違ってきます。

女性の身体は、女性ホルモンの影響を強く受けます。母体づくりのために働く女性ホルモンは、体脂肪の減少を危機とみなします。閉経させないよう、身体の代謝自体は維持させながら、エネルギー消費を節約したり細胞内の水分量を増やしたりして、脂肪の減少を阻止して母体を守ろうとします。

若いときには女性ホルモンが強く働きますから、せっかく筋トレで筋肉量を増やしても、女性ホルモンの影響による皮下脂肪や水分の多さで、身体の変化が見えづらくなってしまいます。

一方、更年期に近づくと女性ホルモンの影響をさほど受けなくなりますし、若いときよりも筋肉量が減った状態からの筋トレとなれば、その変化がより見えやすくなります。

こうした面から考えると、**女性は歳をとってからのほうが筋トレ効果を楽しめます。**「筋肉を付けるのは何だか気が進まない……」と言っていた女性も、身体の変化を実感し始めると、「もっと筋肉を付けて重いものを上げてみたい！」といったふうに、気持ちが変化していきます。

そしてこうした気持ちが、本当の意味で身体の若さを保つことになると思うのです。

メリット
2

メリハリのある引き締まった身体が手に入る!

たまに、「筋肉モリモリになるのは嫌だから」という理由でトレーニングを敬遠する女性もいらっしゃいます。しかし、**女性の場合は「モリモリ」になりたくて必死にトレーニングを積んでも、ホルモンの関係で男性のようにモリモリにはなってくれません。**

たとえば世界陸上を見てみると、女性スプリンターの鍛え上げた身体を美しいと思ったりしませんか? 彼女たちは自分の体重以上の負荷(種目によっては体重の2倍以上の負荷)を当たり前に扱いながら、ハードなウエイトトレーニングも基礎練習としてこなします。それでも、男性のような「筋肉モリモリ」にはなりません。

また、歳をとると体の水分量が低下し、全身の皮膚がたるみやすくなります。「痩せよう」とばかり考え、筋肉量を増やさずに減量すると、この肌のたるみをさらに増やす原因にもなってしまいます。

「筋肉をつける＝女性らしさがなくなる」という考え方は、少し古い考え方だと思うのです。むしろ、**メリハリのついた引き締まった身体、若々しい身体**が手に入りますよ。

メリット 3

年を重ねても元気に動ける身体になる！

歳をとると、筋力が低下していきます。筋力の低下は青年期を過ぎたころから始まると言われていますから、運動習慣がほとんどない人であれば、50代になるとその影響が日常生活のさまざまな場面に表れ始めます。

さらに、もともと筋肉量が少ない女性は、男性よりも筋力低下によるさまざまな症状が出やすい傾向にあります。

内閣府の令和4年版「高齢社会白書」で「介護が必要となった主な原因」を見てみると、女性は「骨折・転倒」が2位で16・5％を占めます。この割合は男性の3倍近くに及び、筋力差や骨の脆《もろ》さの差がこの結果に影響していると見てよいでしょう。

ウエイトトレーニングは男性がやるものととらえられがちですが、筋肉がつきづらく落ちやすい女性こそ、トレーニングで年を重ねても元気に動ける身体をつくっておきたいものです。

また、**筋力の低下自体が、身体の関節のさまざまな痛みを引き起こす原因にもなります。**そのため筋力をつける習慣は、歳をとればとるほど重要になります。

さらに、**ウエイトトレーニングは骨《こつ》粗《そ》鬆症《しょうしょう》予防にも非常に有効**です。骨を強く保つには、骨に対して縦方向の負荷をかけることが必要であり、ウエイトトレーニングで重い負荷を持つことは、それだけでも脚や背骨などの骨を強くするいい刺激となります。

メリット

4

更年期を乗り越える支えになる！

50歳前後に迎える更年期。身体の変調が次々と始まるため、健康についての不安が急に高まり、情緒も不安定になります。人によっては家に引きこもる時間が長くなり、それが筋力や骨密度の低下を招きます。

年齢とともに弱くなった関節を支える筋力が低下すれば、関節の強《こわ》ばりによる痛みも出てきます。これがさらに動かなくなる原因をつくり、身体の衰えを加速させます。

「はじめに」で少し触れたように、私自身も更年期障害を経験しています。母親の最期を見送る一年間に体重を激減させてしまい、突然閉経を迎えてしまったのです。するとその途端にさまざまな身体の変調が現れ出し、瞬時には心身を適応させられませんでした。

健康的な生活を送る努力をしてきた私にとって、これは完全に想定外の状況。悲観的な考えしか持てなくなり、仕事以外は家に引きこもろうかと悩んだほどです。

しかしながら、ただでさえ生活リズムを崩しやすいこの時期に、身体を鍛えるという習慣まで怠ってしまえば、むしろ症状の悪化や新たな生活習慣病を招く原因にもなります。トレーニングを止めていい方向に転がることはないことはわかっていたので、トレーニングルーチンは絶対に変えてはいけないと、自分に言い聞かせました。

ジムでトレーニングをしていると、鏡に映ったトレーニングを頑張っている自分の姿と向き合うことになります。こんな時期でもトレーニングは気分を高揚させ、**家での悲観的な自分とは別人の、ポジティブでかっこいい人間に見えてくる**のです。「自分の努力で、筋肉を進化させ続けている！」と、自分を肯定できる状況もつくることができました。

ウエイトトレーニングをすると、身体の見た目や筋力レベルの向上を実感できます。老化を感じ、**気弱になりがちなこの時期に、身体を「進化」させているという実感を持てる**ことは、つらい更年期障害を乗り越える手助けになることでしょう。

筋力は年齢を確実にカバーします。その筋力を維持向上させられる最も効率のよい方法がウエイトトレーニングです。そのメリットは、「筋力が高まる」「見た目が若くなる」にとどまらず、ネガティブな感情をポジティブな感情に変える効果もあるのです。

メリット

5

自然と食事にも気をつかえるようになる！

ウエイトトレーニングを始めると、徐々に扱うことのできる重量が増え、**身体の見た目にも変化を感じるようになります**。トレーニングを始めてからの数年間が、こうした変化を最も実感できるため、**この時期のトレーニングが一番楽しく感じられる**と思います。

そしてトレーニングで見た目が変わってくると、「さらによくしたい！」という欲が出て、食事に関しても自然と気をつかうようになってくるものです。

たんなる食事制限でのダイエットや、「生活習慣病の予防」といった目的ではなかなか食生活を変えられない……という方も少なくないと思いますが、**筋トレが、食事改善のモチベーションに一役買ってくれる**のです。この時期のトレーニング開始は、さまざまな意味で好都合に働くのです。

第2章

準備編

トレーニングの効果を上げるための基礎知識

7つの準備で、トレーニングの効果がグッと上がる！

せっかくトレーニングをするのであれば、「筋力アップ」に加えて、「姿勢がよく、若々しい、メリハリのあるボディ」も目指してトレーニングしたいものです。

そのためには、

- トレーニング時の姿勢に注意すること
- 鍛える筋肉をきちんと意識して、それを鍛えるためのフォームの原則に従うこと
- 全身をバランスよく鍛えること

が大事です。

また、歳をとってもいつまでも長く効率的に続けていくためには、

- 自分に合った負荷重量を選ぶこと
- 自分に合ったトレーニング時間や頻度を考えること

・関節にできるだけ負担をかけないフォームを覚えること
も大切です。

トレーニングを始めたばかりでまだ軽い負荷しか扱わない時期であれば、フォームが間違っていても、それが何か悪い影響を及ぼすようなことはまずありません。怖がらずに重りを持ってトレーニングにチャレンジしてみてください。

ただし、重い負荷を扱えるようになっても間違ったやり方を続けていると、姿勢の悪さやバランスの悪さなどが、逆効果になって見た目に現れることもあります。そうならないよう、この章の内容をときどき見返し確認しながら、自分のトレーニングを確立していってください。

それでは、トレーニングの効果をグッと上げる7つの準備について見ていきましょう。

準備 1

「いい姿勢」をつくろう！

例として、ケーブルを引いて背中を鍛えるトレーニングで説明します。同じ「前方からケーブルを引く」動作一つであっても、その引き方によって効果に違いが出てきます。

たとえば、Aのスタートポジションから、Bのように「背中を丸めたり」「肩をすくめたり」「首を前に出したり」するような、いわゆる「悪い姿勢」で引く練習をしてしまえば、見た目がキレイな身体をつくり出すための筋肉は鍛えられず、**むしろ悪い姿勢を強調するトレーニングになってしまいます。**

見た目の美しさや若々しさの印象は、普段無意識にやっている姿勢と大きくかかわってきます。トレーニングを始めたばかりのころは、「どの筋肉を鍛えるか」という細かなことまで意識するのは難しいのですが、**フィニッシュポジションをCのような「いい姿勢」にできると、自然と「キレイな身体のラインをつくるトレーニング」になります。**

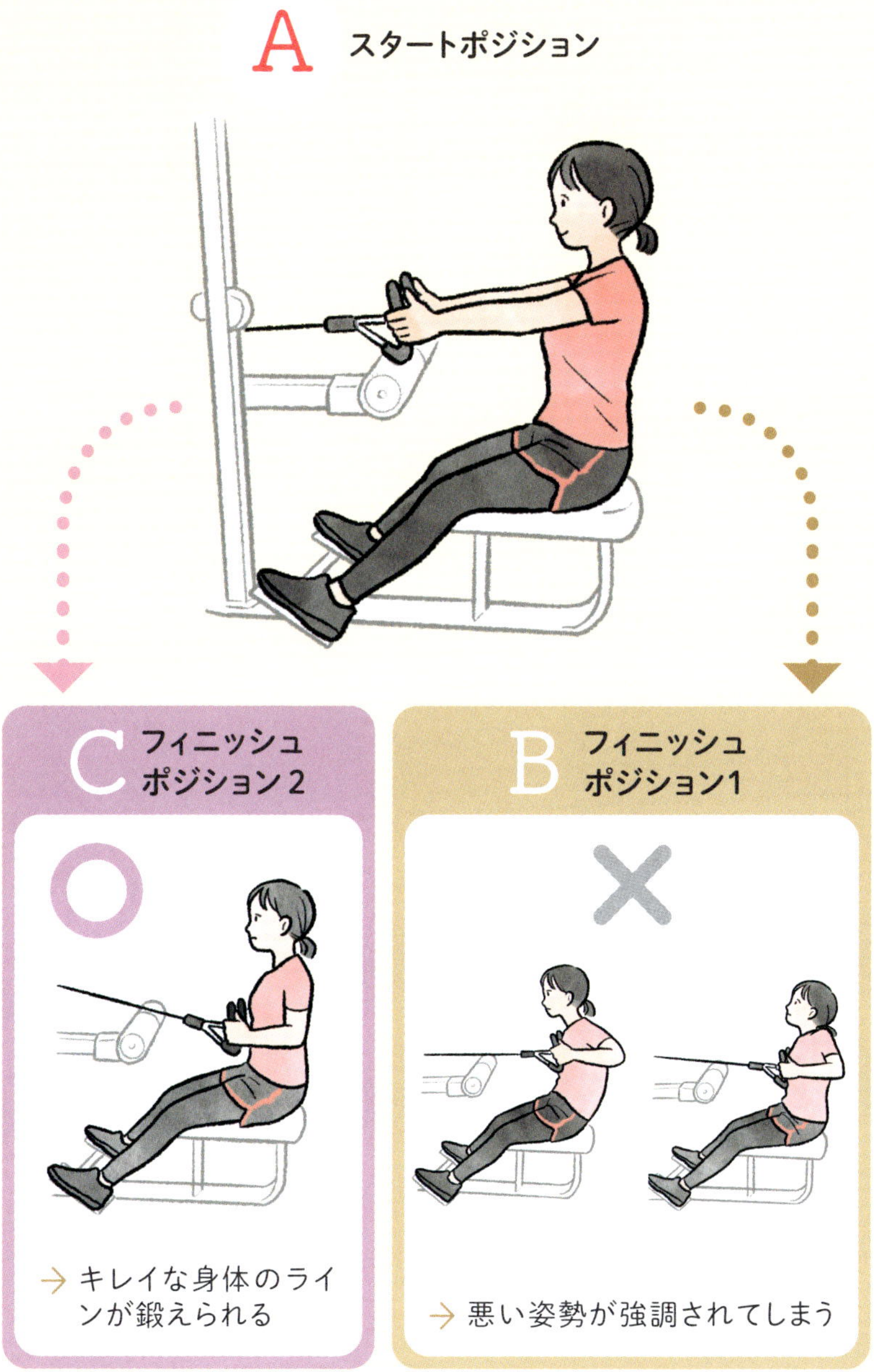
A スタートポジション
C フィニッシュポジション2
○
→ キレイな身体のラインが鍛えられる
B フィニッシュポジション1
×
→ 悪い姿勢が強調されてしまう

「いい姿勢」ってどんな姿勢？

「いい姿勢をしてください」と言うと、肩甲骨を寄せてしまう方が多いのですが、これは実はやや不自然な姿勢です。動きや姿勢の基本となる「いい姿勢」は、見た目にもキレイなだけでなく、大きな力を発揮しやすい姿勢でもあります。

まずはトレーニング効果を上げる「いい姿勢」のつくり方のポイントとして、「肩甲骨のセッティング」「骨盤の使い方（前後・左右）」「顎《あご》を引く」を、壁やイスを使って練習してみましょう。

とくに最初にご紹介する「肩甲骨のセッティング」は、みぞおちを引き上げて肋骨を内側に締めながら肩を下げる、トレーニング時に怪我を防ぐ基本姿勢です。日常生活上の姿勢のクセから、知らないうちに背中が丸くなっていたり、首が前に出ていたりすることがあります。クセのチェックもおこないながら、「いい姿勢」を練習していきましょう。

いい姿勢① 肩甲骨のセッティング

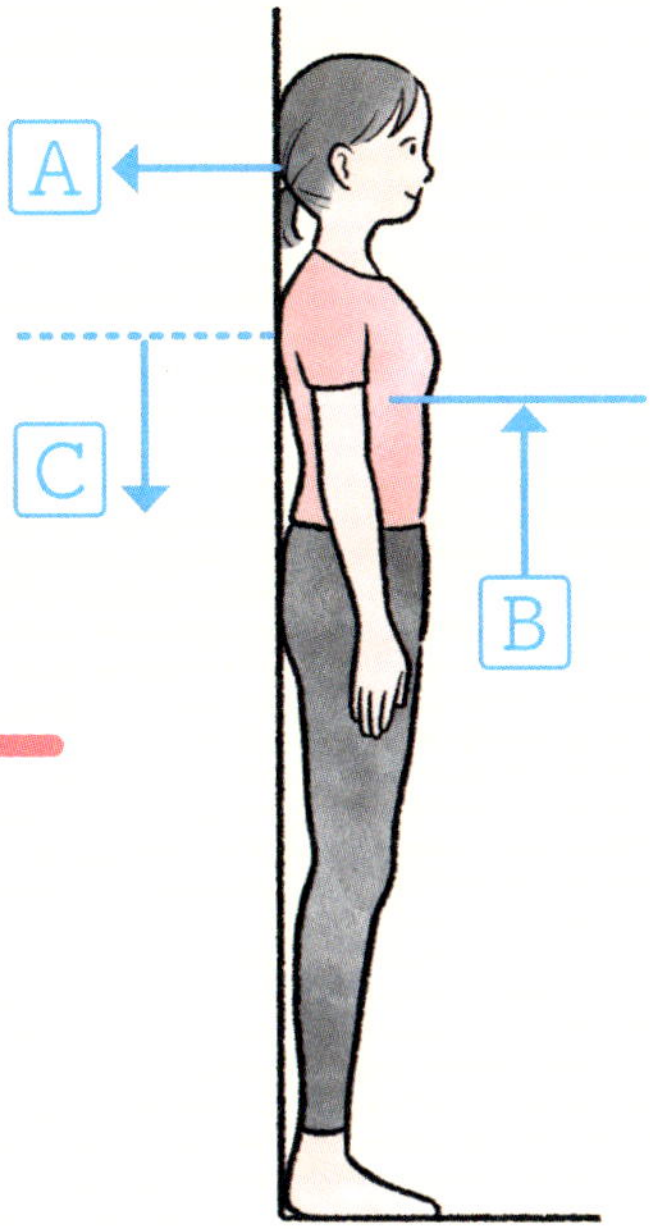

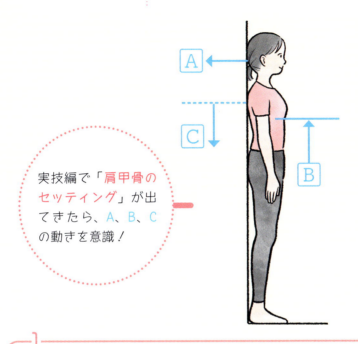

実技編で「肩甲骨のセッティング」が出てきたら、A、B、Cの動きを意識！

1 かかと、お尻、背中、後頭部を壁に付けて立つ。

後頭部は首の付け根に近いあたりを壁に付けるようにする（Aの動き）。

※立ちづらい場合は壁からかかとを10㎝ほど離し、上半身で壁に少しもたれかかるようにしてもOK。

2 みぞおちを引き上げて、肋骨を内側に締める（Bの動き）。

息を吸って胸に空気を入れるようにすると、みぞおちが引き上げられる。息を吐いてもその位置が下がらないようにして、肋骨を内側に締める。

3 みぞおちを引き上げたまま、脇の下を骨盤方向に向かって押し付けるイメージで肩を下げる（Cの動き）。

いい姿勢② 骨盤の使い方（前後の動き）

背筋を伸ばしたまま、お尻を突き出す
動きと引っ込める動きを練習しよう！

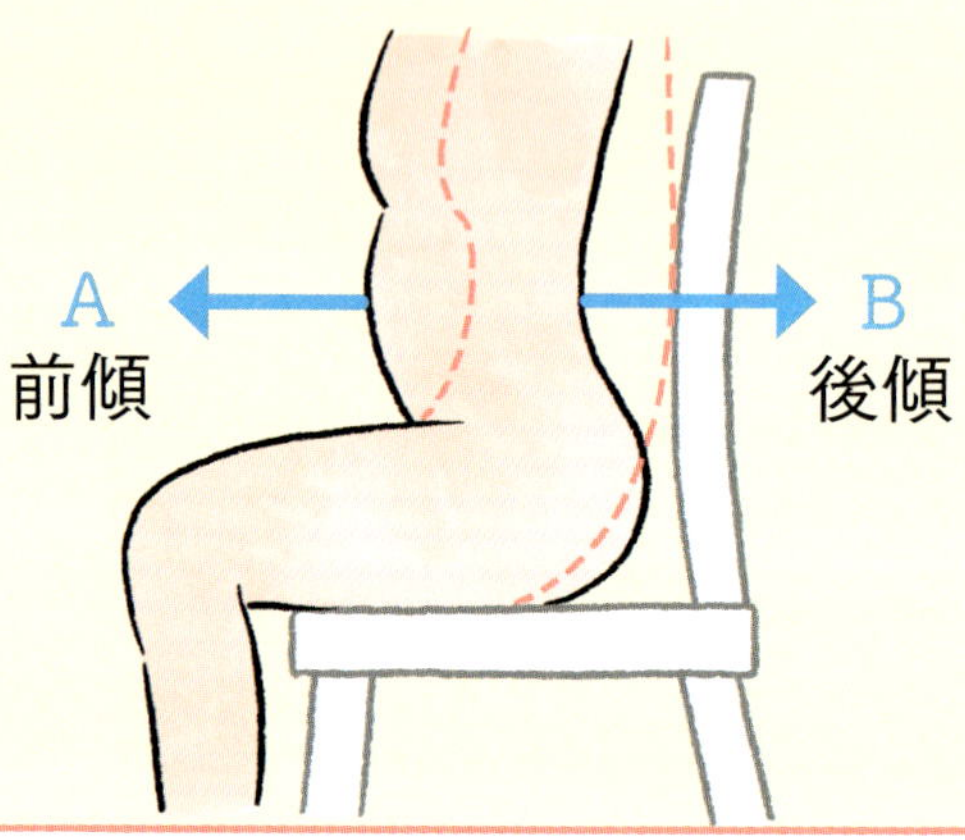

1 背もたれのあるイスに腰掛けて、お尻をうしろに突き出して、腰と背もたれの間にトンネルをつくる（Aの動き）。

骨盤の上部が前に倒れるので、骨盤が前傾する。

2 骨盤の上方を背もたれに押しつける（Bの動き）。

骨盤の上部がうしろに倒れるので、骨盤が後傾する。

3 何度か繰り返してから、1と2の間くらいの姿勢を意識する。

骨盤を前傾させると胸が張りやすく、後傾させると背中が丸くなりやすい。一見前傾がいい姿勢に思えるが、お腹の力が抜けてNG。トレーニング時の基本姿勢はこの中間。指先が軽く入るくらいの隙間を腰につくって、肋骨を内側に締める。

いい姿勢③　骨盤の使い方（左右の動き）

ほとんどの人は、日ごろのクセの影響でお尻の傾きに左右差がある！

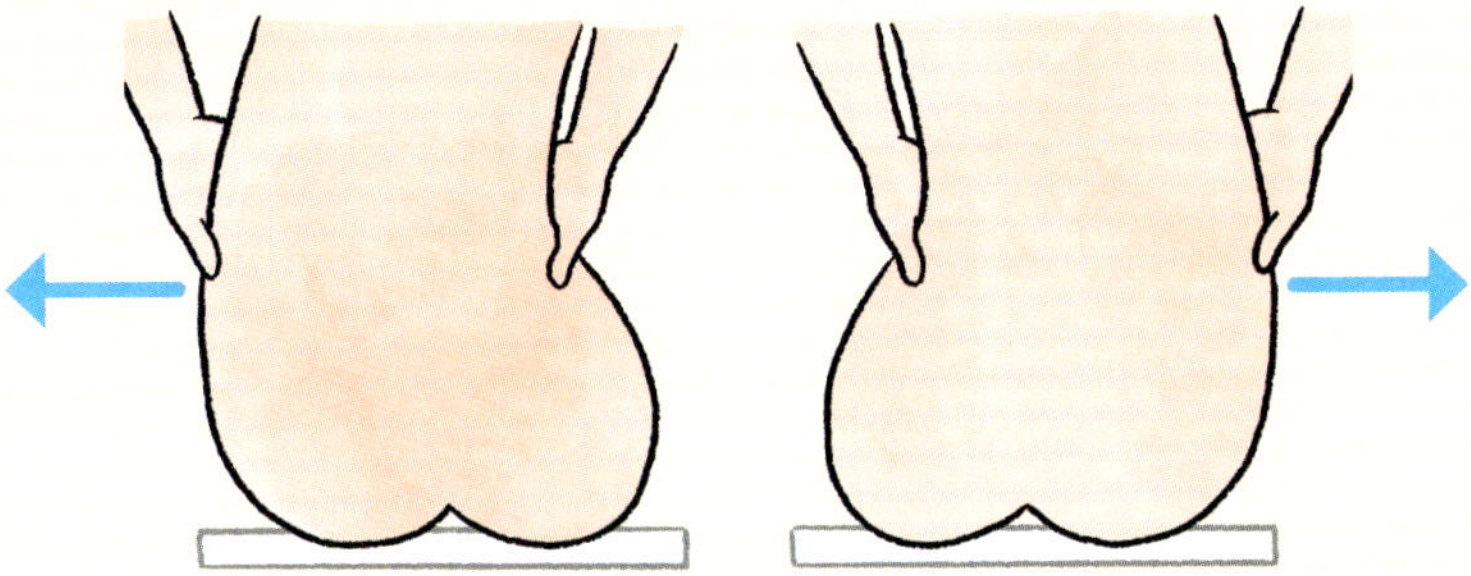

1 イスに浅めに腰掛け、骨盤上部を両手でつかみ、右のお尻に体重を乗せる。

左手の位置にくびれができるイメージで。頭は、右のお尻の真上に。

2 今度は左のお尻に体重を乗せる。

右手の位置にくびれができるイメージで。頭は、左のお尻の真上に。

3 何度か繰り返してから、左右対称に体重を乗せる。

恥骨の上に「へそ」「みぞおち」「顎」「頭頂部」を積み上げるイメージ。手を当てた位置の左右のくびれが同じかどうか、膝の位置が前後していないかどうかも確認する。

いい姿勢④　顎を引く

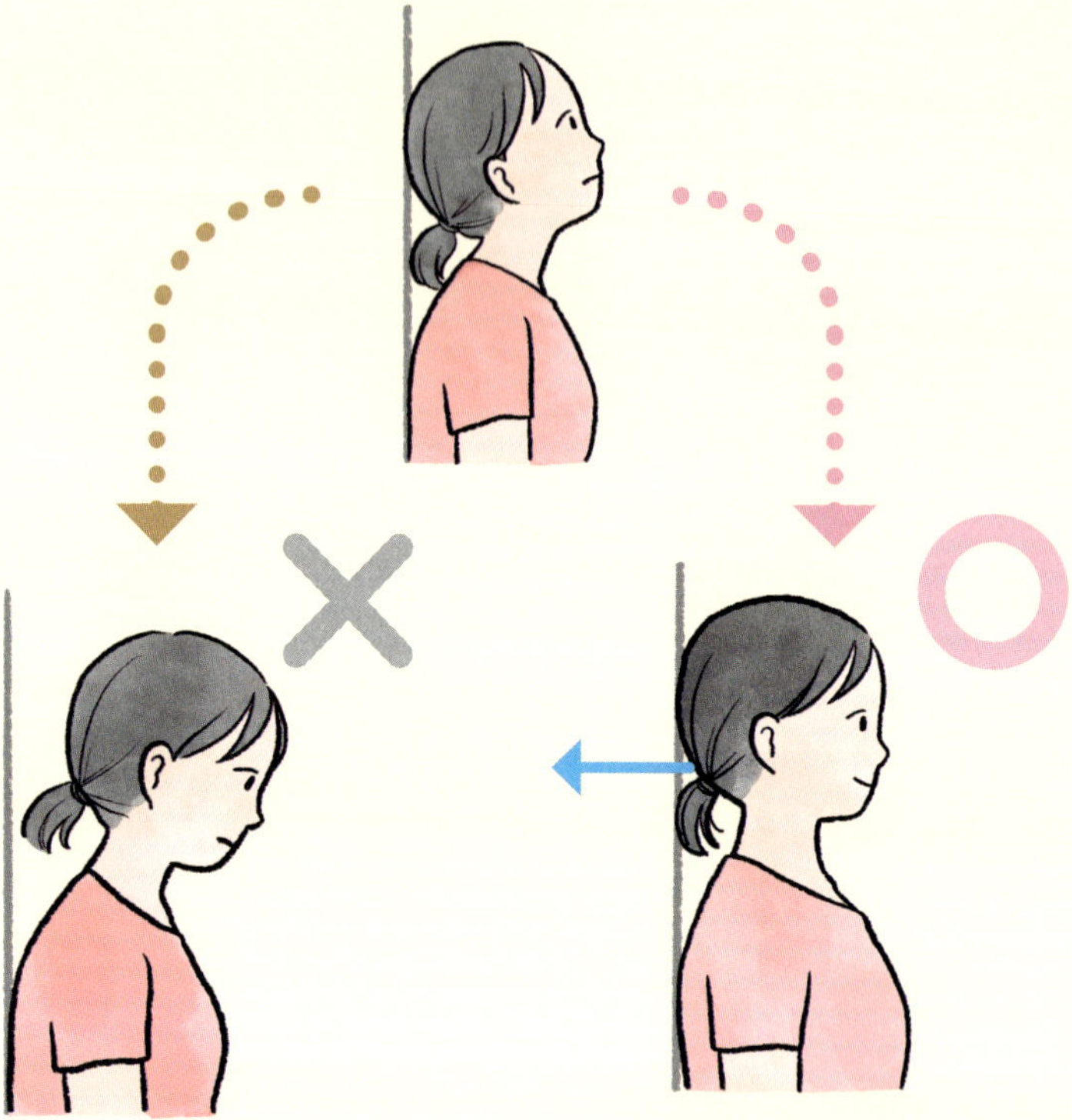

→ 顎を引こうとして下を向いてしまっている

→ 顔は前を向いたまま顎を引いている

1　**「肩甲骨のセッティング」（41 ページ）の 1 の頭の位置（A の動き）にする。**

できるだけ首の付け根に近いあたりの後頭部を壁に付ける動作が、正しい顎を引く動き。頭を下に向けるのは NG。

準備2

「筋肉」と「筋力トレーニング」を理解しよう

実技編に入る前に、実際には複雑な筋肉の構造やしくみを、できるだけ簡略化して説明しておきます。**簡単な筋肉のしくみだけでも理解できていたほうが、トレーニングの上達が早いから**です。

少しだけ専門用語や身体の部位の名前を出して説明する部分もありますが、初めて目にする言葉などには身構えずに、**「少し目を通しておけばいいかなぁ〜」程度に読み流して**おいてください。最初はそのくらいで大丈夫です。

トレーニングを始めてから読み返し、少しずつ身体のしくみを覚えてみると、フォームやトレーニング時の意識の改善につながって、より効率よくトレーニングすることができます。専門的に掘り下げて書かれた本はたくさんありますから、より詳しく筋肉について知る必要や興味が出てきたら、そうした本を参考にしてみてくださいね。

では、筋肉の説明から始めていきます。

筋肉って、どうなっている？

筋肉（骨格筋）は線維が束になった構造をしています。筋肉の**始まり**の部分（筋頭）と**終わり**の部分（筋尾）は、それぞれ骨に付いています。

ここで実際にみなさんに左腕を動かしてもらいながら、筋肉のしくみを確認してみましょう。左腕を伸ばしてから、力こぶをつくるイメージで肘を曲げてみてください。このとき、二の腕の表側（力こぶ側）の筋肉が前腕の骨を引っ張りながら、短く収縮して肘を曲げています（左図のA）。二の腕の裏側の筋肉はゆるんでいるので、スムーズに肘が曲がります。肘を伸ばす場合は逆で、裏側の筋肉が前腕の骨を引っ張り、肘を伸ばします（左図のB）。

顔を洗うときも、歩くときも、すべての動作は**「筋肉を収縮させて、関節を介して骨を動かしている」**のです。骨を動かす筋肉は、関節を安定させスムーズな動きができるように、関節を覆うように両側に付き、バランスよく引っ張り合いながら身体を動かしています。

筋肉の構造

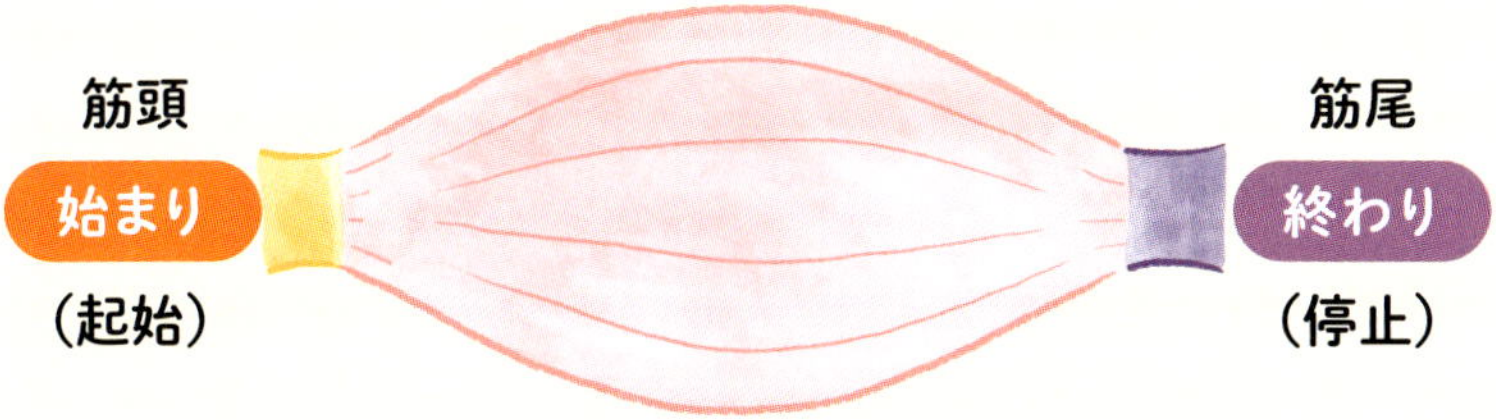

筋肉が腕の骨を動かして、肘を曲げる様子

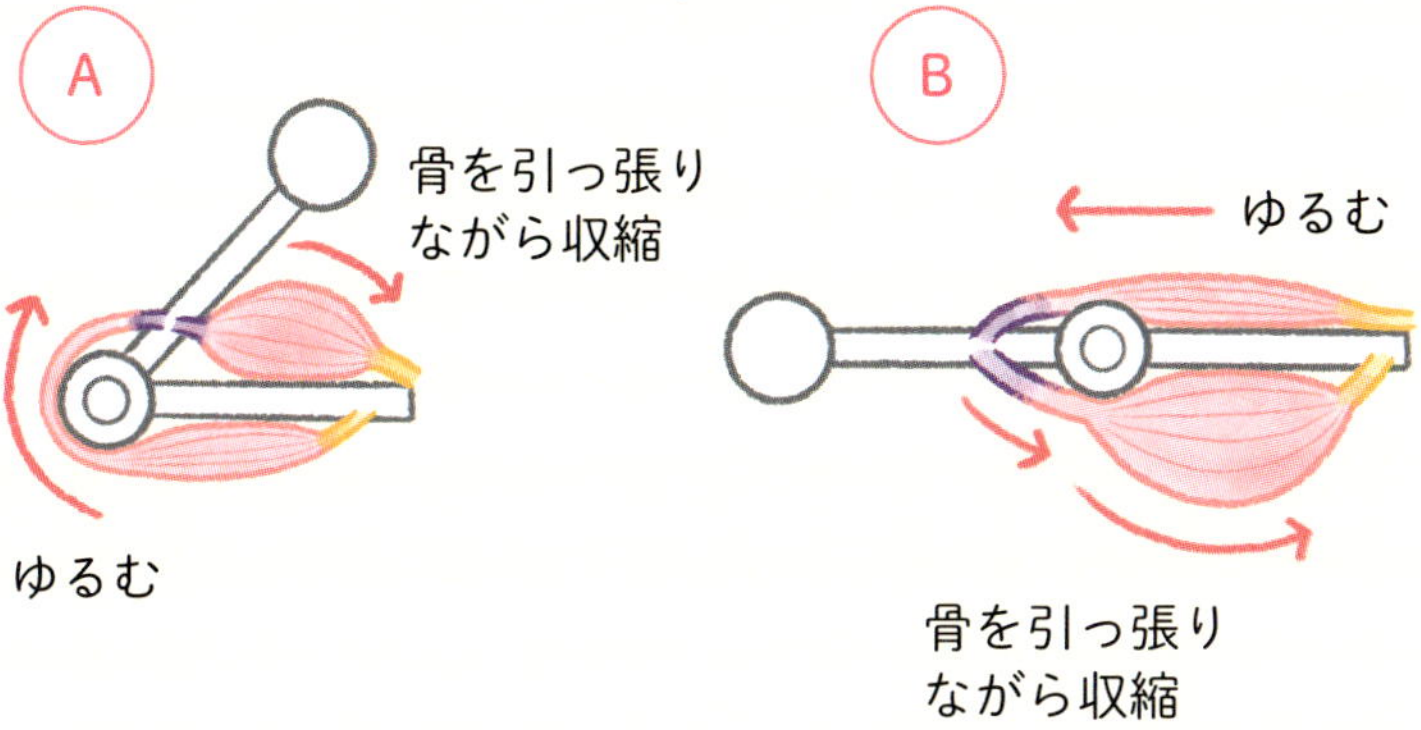

筋トレ＝筋肉の収縮に負荷をかけること！

先ほど示したような、**筋肉の収縮で骨を動かす身体のしくみに負荷をかけて、筋肉を強くしていくのが筋力トレーニング（筋トレ）**です。

筋肉は、かかった負荷の重さや上げ下げの回数といった「トレーニングの強度」に適応しようとする性質があります。そのため、**自分が持ち合わせた筋力より、少しだけ重い負荷をかけることが大事**です。

筋肉は、短く縮めるとき（左図のA）だけでなく、長く伸ばすとき（左図のB）も、長さを変えずに維持するときも、張力という力がかかった状態になり「収縮」しています。トレーニングの効果を出すためには、重量を上げるときだけでなく、**「収縮」させているすべての局面で力を抜くことなく、重さを丁寧にコントロールすること**が大事です。また、楽に何回でも上げ下げできるような負荷では、筋力の向上は期待できません。

重量を持つときの筋肉の収縮

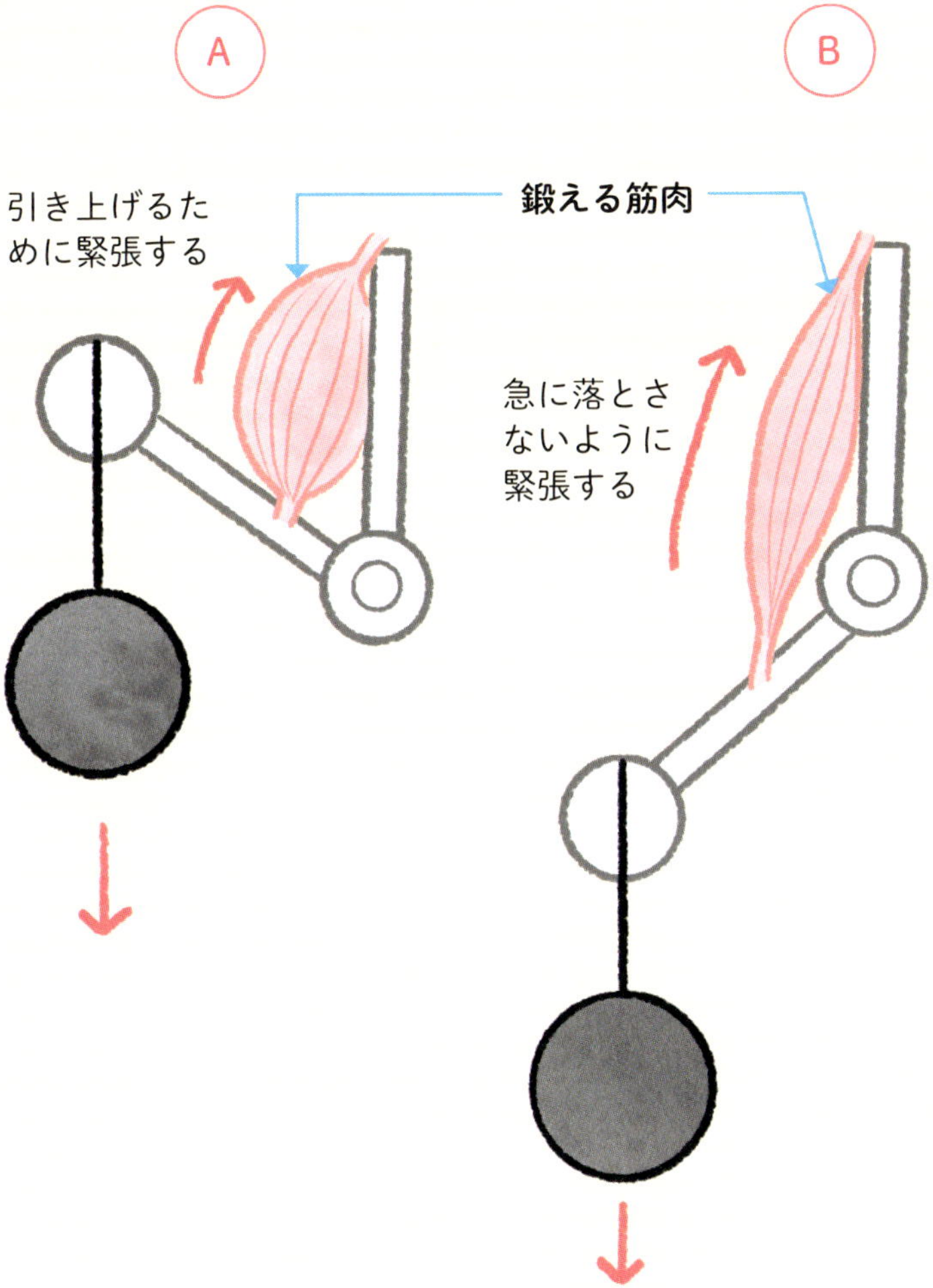

鍛える筋肉の「始まり」と「終わり」を意識しよう

筋肉の形は、身体の部位によっては板状だったり棒状だったり、さまざまです。ただ、**どんな形であれ、筋肉には始まりと終わりがあります**。

実技編では、左のイラストのような、鍛える筋肉の解剖図を載せています（これは大胸筋です）。筋肉の両端の多くは骨に付き、**一般的に身体の中心側を始まり、身体の末端側を終わりとします**。この始まりと終わりのおおよその場所を把握してトレーニングできると、トレーニングフォームの上達が早くなります。

「引く」「押す」などの意識のみで負荷を上げるのではなく、**負荷を持ち上げながら筋肉の始まりと終わりを近づけ、負荷を下ろしながら始まりと終わりを遠ざける動き**が、筋肉に〝効かせる〟動きの基本です。

筋肉の始まりと終わり

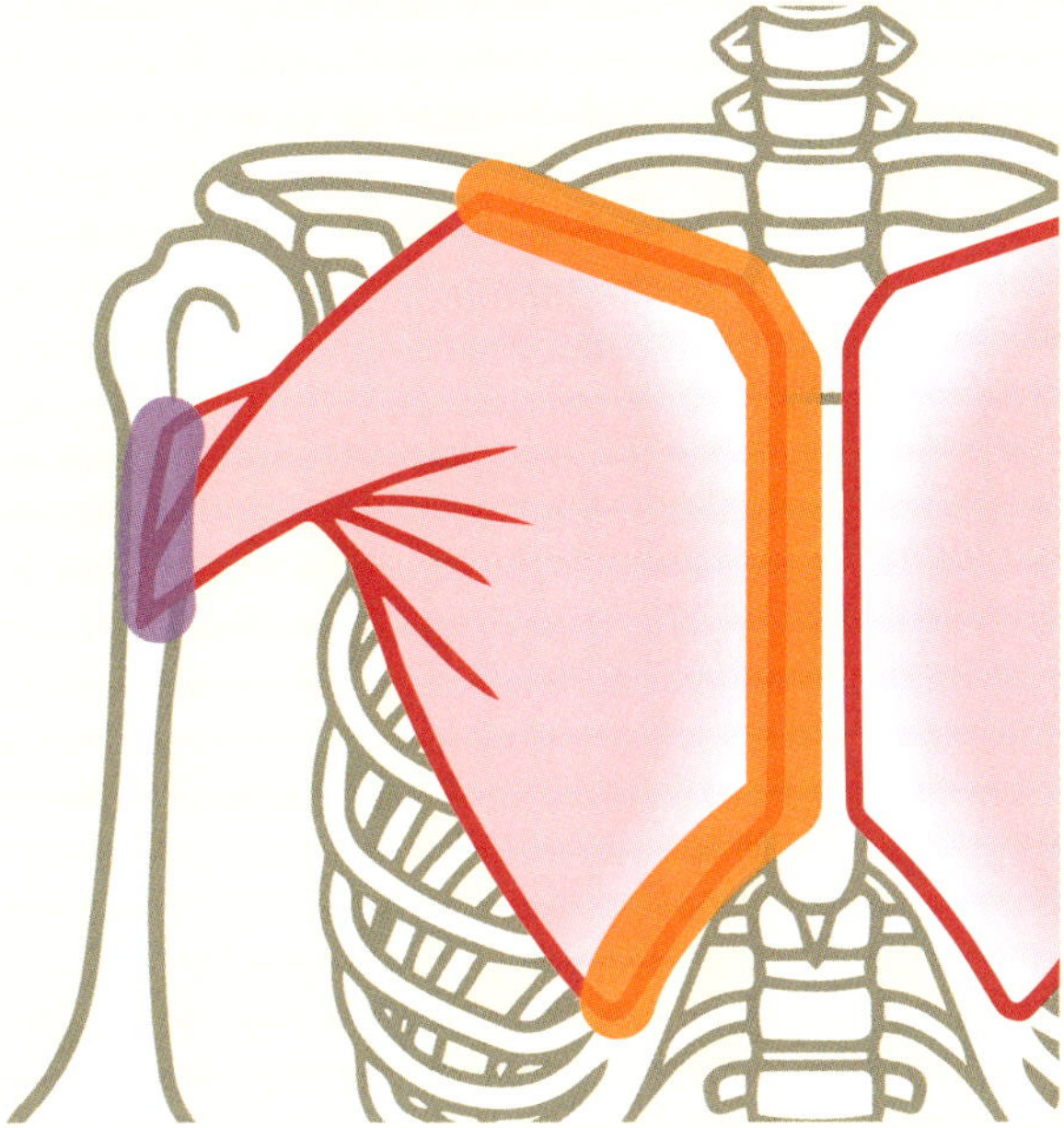

実技編では、大胸筋の場合であれば、始まりは「鎖骨から胸の中央を通って、腹筋上部まで」、終わりは「二の腕上方（前側）」のように、みなさんがイメージしやすい身体の部位の名称で書きました。
それぞれの位置を意識してトレーニングできるように、少しずつ覚えてみましょう。

準備 3

「効かせる身体の使い方」と「重い重量を持ち上げる身体の使い方」の違いを理解しよう！

トレーニング時の身体の使い方を大きく2つに分けると、

・特定の筋肉だけに〝効かせる〟身体の使い方
・多くの筋肉を使って〝重い重量を持ち上げる〟身体の使い方

があります。この2種類の動作を区別してトレーニングすることが、上達の秘訣《ひけつ》です。

まずは「効かせる体の使い方」を、身体の前で両手に持ったバーベルを肘を曲げて持ち上げる「アームカール」を例に説明します。

もし、「重い重量を上げる身体の使い方」をするのであれば、Aのように上げ始めにいったん肘を背後に引いてから、身体を反らせるようにグイッと反動をつけて持ち上げると、全身の多くの筋肉を使えるので楽に持ち上げられます。

対して、二の腕の前側にある「上腕二頭筋」だけを鍛えるのであれば、Bのように身体を反らさず、肩から腕を若干前方にスライドさせながら肘関節を曲げて、バーベルを持ち上げます。

“効かせる”身体の使い方と
“重い重量を持ち上げる”身体の使い方の違い

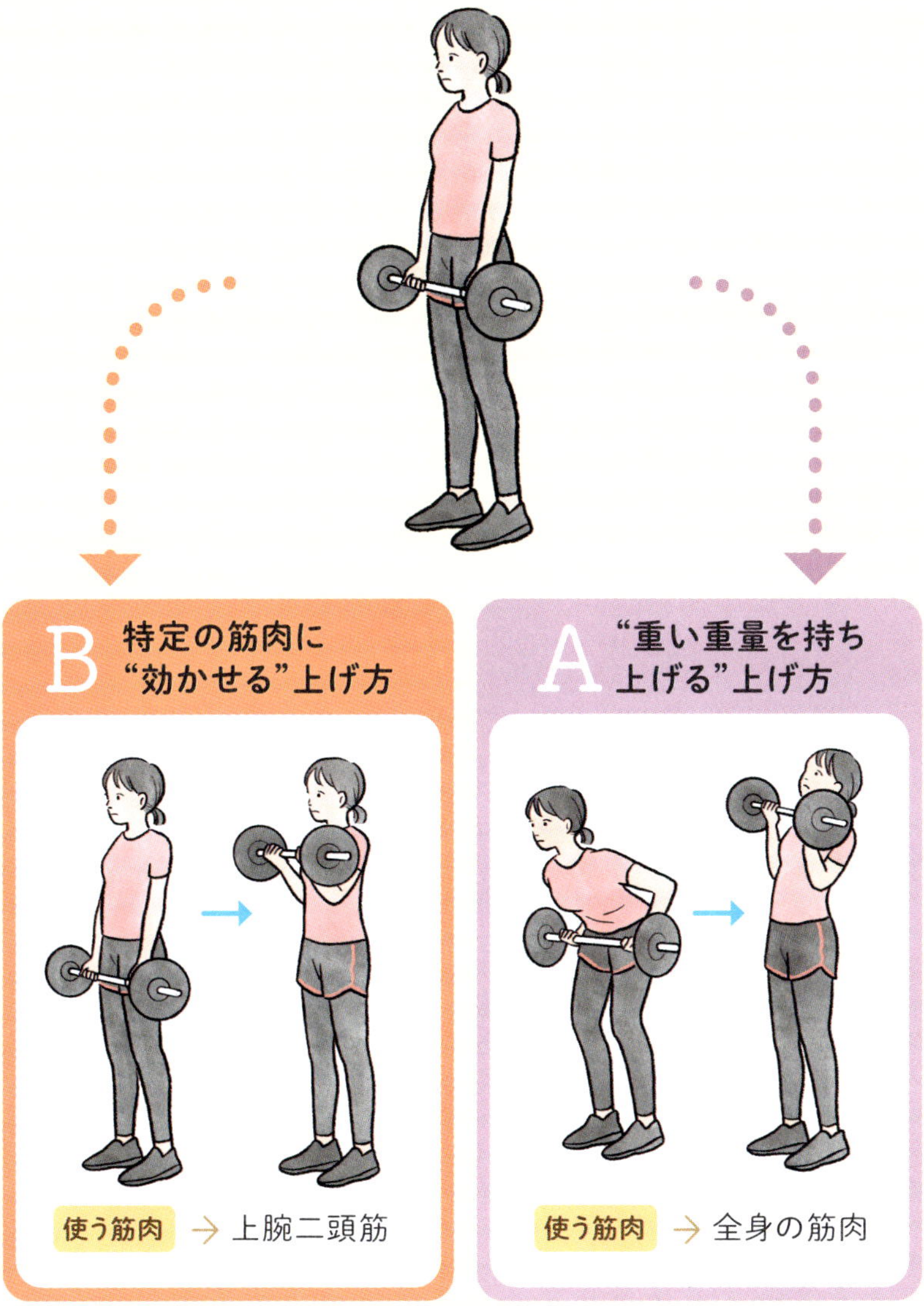
B
特定の筋肉に
“効かせる”上げ方
使う筋肉 → 上腕二頭筋
A
“重い重量を持ち
上げる”上げ方
使う筋肉 → 全身の筋肉

こうすると、上腕二頭筋だけで重りを上げることになるので、Aと比べて重い負荷は上げられなくなります。その代わり、**鍛えたい筋肉（今回なら上腕二頭筋）のみに強い負荷がかかるので、その筋肉だけを的確に鍛えることができます。**

特定の筋肉を狙って鍛えたいときは、〝効かせる〟体の使い方をしましょう。

〝重い重量を持ち上げる〟身体の使い方とは？

〝効かせる〟トレーニングによって、それぞれの筋肉を個別に鍛えたけれど、「大きな力を出すのは苦手」では、トレーニング効果をしっかり発揮できたとは言えません。

そこでおすすめなのが、「ビッグ3《スリー》」と呼ばれる**「スクワット」「ベンチプレス」「デッドリフト」**の3種目。これらは、個別の筋肉に効かせることよりも、**多くの関節と全身の多くの筋肉を稼働させて、〝高重量を上げる〟ことを主な目的とするトレーニング種目**です。

これらの種目は、身体の中心にある筋肉を最大限に働かせ、強くする効果があります。生活動作の中で重い重量を安全に持ち上げるために有効ですし、代謝アップや姿勢の改善にも役に立ちます。デッドリフトは初心者でもぐんぐん上達して重量を上げられるので、モチベーションアップにつながりますよ。

“重い重量を持ち上げる”身体をつくるビッグ3

スクワット

ベンチプレス

デッドリフト

自分のおこなう種目は、**一つの限定した筋肉を鍛えるため**に選択したのか、それとも**大きな力を発揮するトレーニング**として選択したのか、しっかり区別して、目的に合ったフォームでトレーニングするようにしましょう。

準備 4

重りを動かす方向を理解しよう

鍛えるべき筋肉に正しく負荷をかけ、筋力をバランスよく鍛えることができれば、トレーニングをすることでついた筋肉が関節を安定させ、痛みの改善につながります。

しかし、トレーニングはあくまでも普段よりも重い負荷をかけながら関節を動かす**「関節に負担をかける動きの繰り返し」**でもあるということを忘れてはいけません。負荷がかかっている筋肉と鍛える筋肉がちぐはぐだったり、自分のやりやすい動きに終始したりして負荷の上げ下げをしてしまうと、関節にダメージばかり与える運動にもなりかねません。

そこで大事なのが、**「重りを動かす方向」**です。重りを動かす方向を理解して、関節にはできるだけ負担をかけずに、筋肉にしっかり負荷のかかるフォームをつくりましょう。そうすれば、「筋トレをしたせいで、関節を傷めた！」なんていうことも避けられます。

実技編では、正しい軌道になるようなフォームを説明していきます。難しく考えずに、書いてある順序でフォームをつくりながら、トレーニングをしてみてくださいね。

器具ごとの重りを動かす方向

マシン

狙った筋肉に負荷をかけられるよう、**器具の軌道が決まっている。**ただし、脚のプレスであればつま先方向に膝を向ける、胸のプレスであれば手首と肘を同じ軌道上に置くなど、**関節の位置に注意が必要。**

ケーブルなど

滑車を起点に、そこから**引っ張る方向と鍛える筋肉の収縮方向を合わせる。**

ダンベルなど

基本的には、**重力の方向に合わせて負荷を上げ下げする。**鍛える筋肉の部位によって、体勢を変えて重力の方向に合わせる。

準備 5

自分に合った負荷、回数、頻度を決めよう

筋肉は、自分が現在持ち合わせている筋力の限界よりも強い負荷をかけて、ストレスを与えていくと、その負荷に耐えられるように適応して強くなっていきます。

だからといって、休みも入れずにやればやるほど強くなっていくわけではありません。「どのくらいの負荷」で「どのくらいの回数」を上げて、「どのくらいの休憩」を取りながら、「どのくらい繰り返す」か？　を考えながら、トレーニングを進めていきます。

まず覚えてほしいのは、重さと回数。ダンベルなどの重さは、自分の体力や目的に合わせます。これは、**正確なフォームで何回持ち上げられるか**を基準に判断します。

実技編に記載した重量は、「フォームの習得練習のための負荷と回数」です。何度か練習して慣れてきたら、自分の体力に合わせて負荷を上げてみてください。

トレーニングを続けて、たとえば10回までしか上がらなかった重さを15回以上正確に上げられるようになったら、次の重さにチャレンジ……というように、体力に合わせて負荷を上げていきます。

基本的な重さと回数

目的	フォームの習得・ウォームアップ	筋力アップ
負荷（重さ）	15回以上、上がる重さ	8回以上、上がる重さ～12回はギリギリ正確に上がる重さ
反復回数	10 ～ 15回	正しいフォームで上げられる限界まで
動作のスピード	2 ～ 3カウントで上げ、3 ～ 4カウントで下ろす	2カウントで上げ、2 ～ 4カウントで下ろす
セット数	1 ～ 3セット	3～5セット
インターバル	30秒～ 2分（フォーム修正のためにストレッチングを入れる場合などは長めに取る）	90秒（全身種目を高重量でおこなう場合などは長めに取る）

なお、デッドリフトのような全身種目の場合は、上げられる回数の限界ギリギリまでやると、フォームが崩れて危険な場合があります。**「12回以上正確に持ち上げられる重さを10回持ち上げる」**を目安にしてみてください。

また、重い重量にチャレンジする場合は、専門のトレーナーに見てもらうようにしましょう。

トレーニングは「セット法」で進めてみよう

基本的な考え方として、トレーニングは「セット法」で進めることがおすすめです。セット法とは、一つの種目を、休憩を挟みながら数回繰り返して鍛える方法です。

たとえば「3セット」おこなう場合。基本的には、左図の「基本」のように、「同じ重量・同じ回数で3セット」でOKです。

ただし、重い重量を扱えるようになってくると、いきなり自分のマックスの重量を1セット目から扱うのは少し危険ですから、「レベルアップ版」のように、「重量は徐々に上げ、回数は徐々に少なくする」方法で3セット組むほうがおすすめです。

セット法のイメージ(3セットの場合)

練習頻度はどうする？

フォーム練習として、まだ軽い負荷を扱うような時期であれば、同じ部位のトレーニングを毎日やっても構いません。

ですが、自分の筋力に合わせて負荷を上げられるようになったら、**同じ部位は最低でも一日空けてトレーニングするようにしましょう**。二日続けてトレーニング日を設ける場合は、上半身のトレーニングをした次の日は下半身のトレーニングをする、といった工夫をします。

トレーニング自体は、筋肉にストレスをかけて傷つける作業です。適度な休養と栄養をとって修復できたときに、前よりも筋力レベルが上がります。

とくにデッドリフトのような全身種目については、週に2回までとし、自分の体重程度の重量を扱えるようになったら、週1回に減らします。

重い負荷を持つということは、筋肉以外のさまざまな組織にも負荷をかけますし、自律神経などにも影響します。トレーニングは気持ちを高揚させる作用もあるため、身体を変えようと意気込みすぎると、気づかぬうちに適量を超える場合もあります。

頑張りすぎた数日後に、急に強い疲労を感じて「私にはトレーニングは向いていない」と諦める人も実は少なくないのです。

各部位が、一週間に1回鍛えられれば十分に効果があると考えてください。長く続ける秘訣は、「物足りないくらいの量から始めて、疲れが出ないようであれば、もう少し増やしてみる」程度の取り組み方です。

ただし、二週間に1回程度までトレーニング頻度が落ちると、筋力アップはあまり期待できなくなります。次の項も参考にして、ご自分に合ったトレーニングの頻度や組み合わせ方を探りながら続けていきましょう。

準備 6

全身をバランスよく鍛えていこう!

筋トレは全身をバランスよく鍛えることによって、最大の効果を発揮します。キレイな見た目を目指す場合であっても、「ヒップアップしたいから」とお尻ばかりを鍛えたり、「二の腕をシャープにしたいから」と腕ばかりを鍛えたりしても、実際には効果は出づらいです。

全身をバランスよく鍛えることで、最も均整のとれたキレイな見た目となり、動きの面でも機能的な身体になっていきます。

本書では、全身・胸・背中(広背筋、僧帽筋)・脚・ふくらはぎ・肩・二の腕(前面、後面)・腹の各部位を鍛えられるように、トレーニング方法をそれぞれ1種目ずつ選んで掲載しました(脚については、スクワットができない場合を考えて、太ももの前面・後面それぞれの種目を追加)。

各ジムでそろえている器具の種類や数が違うため、掲載したものとは違う種目選びが必要になるかもしれませんが、その場合はジムのトレーナーさんにその部位の代替の種目を選んでもらい、教えてもらってみてくださいね。

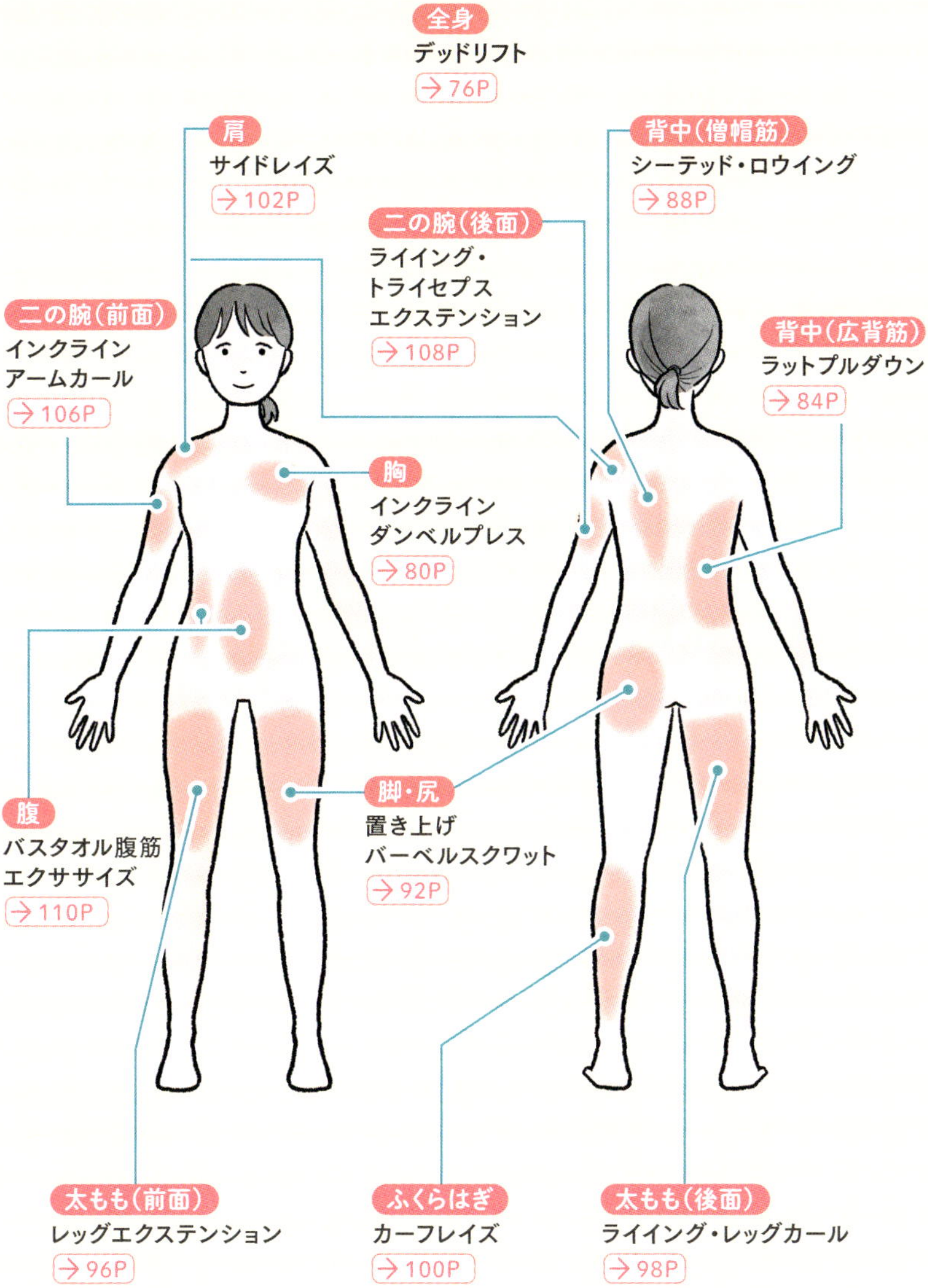
全身
デッドリフト
→76P
肩
サイドレイズ
→102P
背中(僧帽筋)
シーテッド・ロウイング
→88P
二の腕(後面)
ライイング・
トライセプス
エクステンション
→108P
二の腕(前面)
インクライン
アームカール
→106P
背中(広背筋)
ラットプルダウン
→84P
胸
インクライン
ダンベルプレス
→80P
腹
バスタオル腹筋
エクササイズ
→110P
脚・尻
置き上げ
バーベルスクワット
→92P
太もも(前面)
レッグエクステンション
→96P
ふくらはぎ
カーフレイズ
→100P
太もも(後面)
ライイング・レッグカール
→98P

トレーニングメニューの組み合わせ方

全身をバランスよく鍛えていくためには、まずはご自分のペースで各部位の種目のフォームを一通り覚えることが大事です。各部位、1種目ずつでもおおよそできるようになってきたら、それらの種目をどんな組み合わせで、週に何回やるかなどを決めて、大まかな一週間のメニューをつくります。週2回と週4回の組み合わせ例をご紹介しますので、参考にしてみてください。

一日で複数のトレーニングをすることになると思いますが、その際は、腕のトレーニングは後半にまわすのがおすすめです。その日のはじめに腕を鍛えてしまうと、腕の疲労が原因で、胸や背中などを鍛えるのに見合った負荷をかけられなくなってしまうのです。

また、とくに効果を上げられるようになりたい種目があれば、最も集中できる順番にその種目を組みます。身体の疲労や、身体のあたたまり方など、自分のトレーニング傾向を把握して、その種目をどこに入れるかを決めてみるとよいでしょう。

一週間のトレーニング組み合わせ例

週2回やる場合

月	デッドリフト・胸・背①・肩・脚（レッグエクステンション・レッグカール）・腹
火	休み
水	休み
木	背②・腕（2種目）・脚（スクワット・カーフレイズ）・腹
金	休み
土	休み
日	休み

週4回やる場合

月	胸・腕（上腕二頭筋）
火	脚（1週目はスクワット・カーフレイズ、2週目はレッグエクステンション・レッグカール）
水	休み
木	背中2種目・腹
金	休み
土	デッドリフト・肩・腕（上腕三頭筋）
日	休み

※ジムに行く頻度に合わせて、自分なりにアレンジOK！

準備 7

ウォーミングアップエクササイズをやってみよう！

トレーニング前のウォーミングアップは、日常生活の中でできた関節可動域の狭まりや左右差を取り除き、正しいフォームをつくりやすくするためにおこないます。トレーニング前はゆっくり筋肉をストレッチするよりも、**リズミカルに全身の関節をまんべんなく動かすタイプのストレッチやエクササイズ**がおすすめです。

次のページからご紹介する「ウォーミングアップエクササイズ」をまず一通り、1種目あたり10～15回を目安にやってみてください。硬さを感じた部位や左右差を感じたものを中心に、トレーニング前にやってみるようにしましょう。

スタジオレッスンのあるジムに通われている方であれば、スタジオレッスンをウォーミングアップエクササイズ代わりにするのもおすすめですよ。

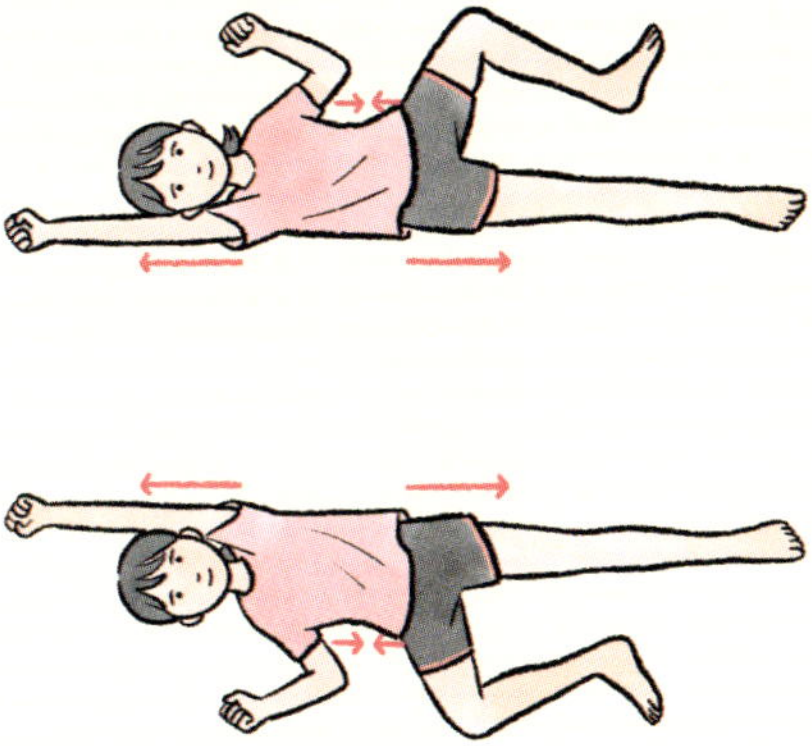

伸び

①寝転んで、左の脇腹をできるだけ縮めながら、右腕右脚を思い切り上下に2秒伸ばす。
②右の脇腹をできるだけ縮めながら、左腕左脚を思い切り上下に2秒伸ばす。

※左右の伸びに差を感じたら、やりづらさのあるほうをやや丁寧におこなう。

起き上がりこぼし

①膝を抱え、身体を丸める。
②肩とお尻が交互に床から浮くように、前後に身体を揺らす。

※膝を抱えるとうまくできない場合は、膝裏を抱えてやってもOK！

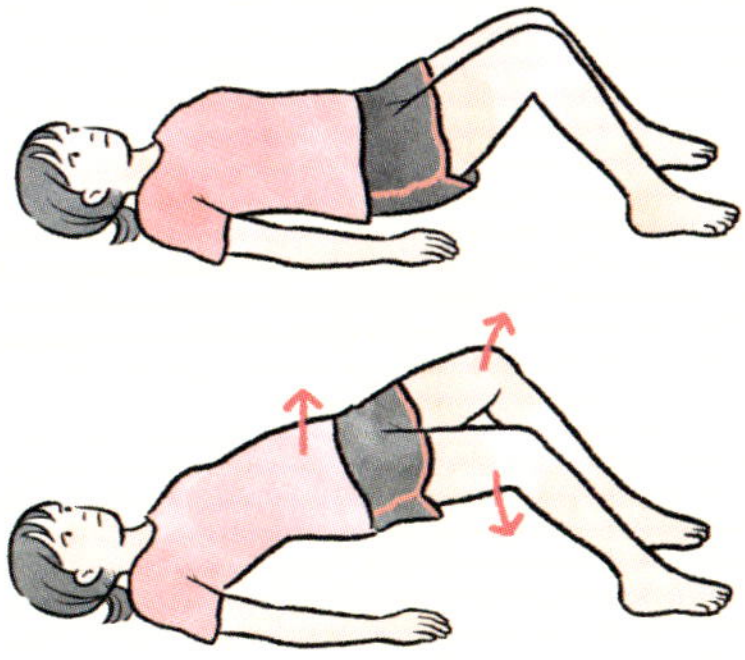

ヒップリフト1

①膝を90度くらいに曲げ、足幅は15cmほど開き、膝を閉じた状態で仰向けに寝る。
②膝を開きながらお尻を高く持ち上げ、お尻にしっかり力を2秒入れてから、膝を閉じながら下ろす。

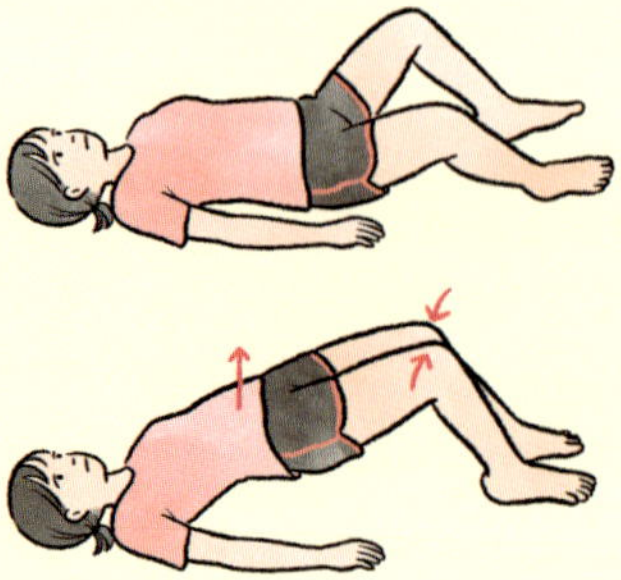

ヒップリフト2

①膝を90度くらいに曲げ、足幅は15cmほど開き、膝を開いた状態で仰向けに寝る。
②膝を閉じながらお尻を高く持ち上げ、上げ切ったときに内ももに力を入れ、膝と膝をしっかり2秒付けてから、膝を開きながら下ろす。

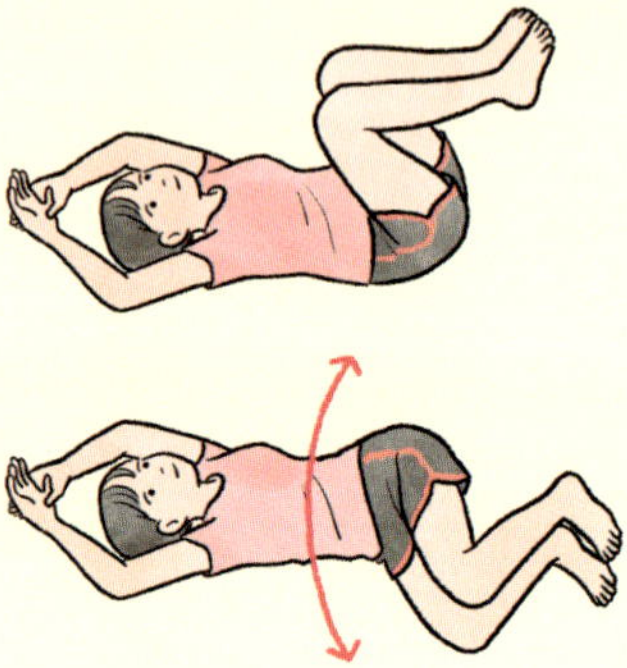

両膝横倒し

①仰向けで脚を上げ、膝を90度に曲げる（はじめのうちは手はウエストの横でOK。慣れてきたら腕を頭上に伸ばす）。
②両膝を横に倒してから元に戻すのを、左右交互に続ける。

※強度を上げたい場合は、戻すときに少しお尻を天井方向に持ち上げる。

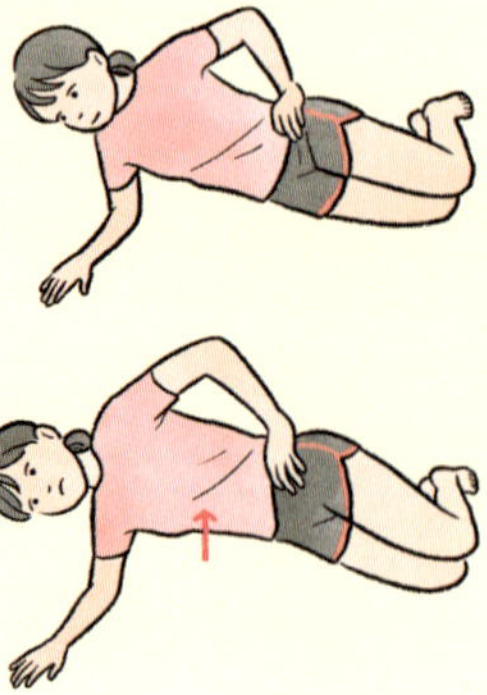

サイドヒップリフト

①横向きに寝て、下の前腕は床につき、上の手は腰に当てる。
②お尻を高く持ち上げ、上で2秒止めてから下ろす。

※強度を上げたい場合は、膝を伸ばす。

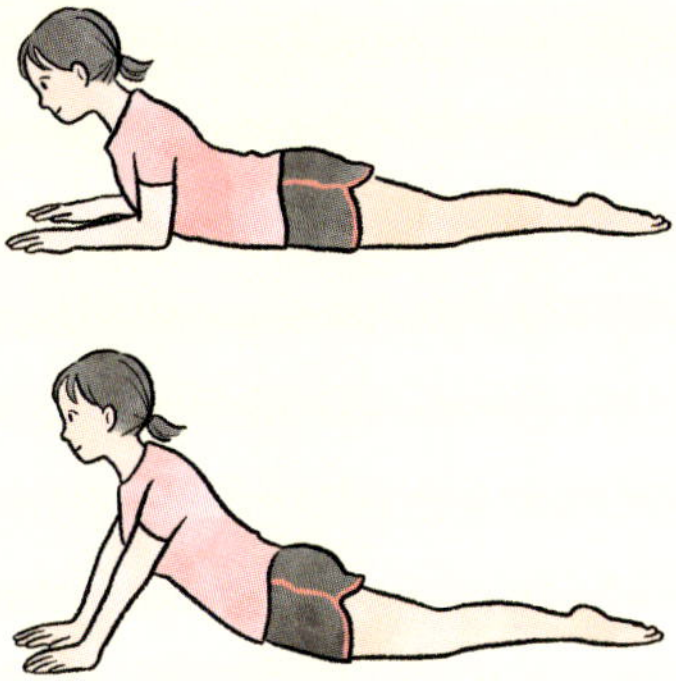

肘立て上体反らし

①うつ伏せで肘を床につく。
②手のひらで床を押しながら肘を伸ばし、上体を起こして2秒止めたら戻す。

※身体を反らすのがきつく感じる方は、スタート時に、肘を脇の下よりも前方に置く。

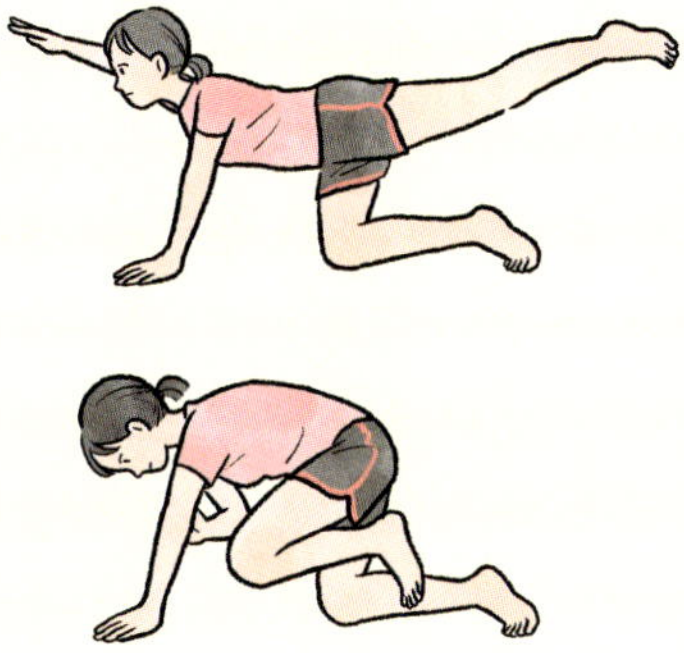

コンビネーションキックバック

①四つん這いになり、右腕と左脚を、床と平行になる高さまで伸ばし（お腹は突き出さず、締める意識で）2秒止める。
②右肘と左膝をお腹の前でできるだけ近づけて2秒止める。逆側も同じようにおこなう。

お尻歩き

①脚を前に伸ばして座り、お尻で歩く。
② 10歩前進したら、今度はうしろに10歩下がる。腕を振って、できるだけ1歩を大きく出す。

ランジストレッチ

①脚を前後に大きく開いて前の膝を曲げ、手を組んで伸びをする（うしろの脚は若干曲げて構わないが、お尻にしっかり力を入れる）。
②その状態で、浅く上下に10回バウンドする。膝を曲げる角度は浅めから始め、慣れてきたら深くする。

サイドランジ

①脚を左右に大きく開き、片方の膝をゆっくり曲げていく。逆の膝はしっかり伸ばして内もものストレッチを意識する。
②曲げられる角度まで膝を曲げたら、ゆっくり戻す動作を、左右交互に続ける。膝を曲げる角度は浅めから始め、慣れてきたら深くする。

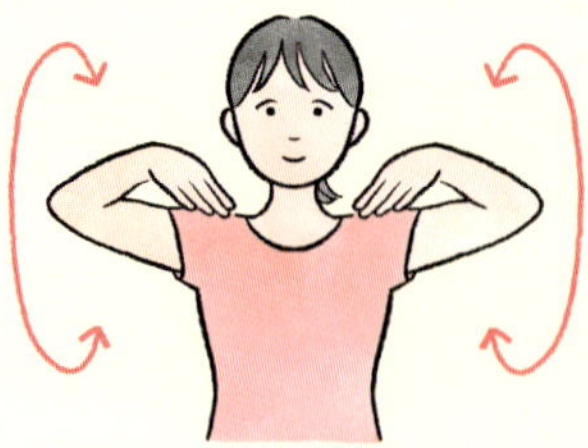

肩回し

①手の指先を肩に当てて、できるだけ大きく肘で円を描くように肩を前に回す。肩甲骨も大きく動かすように意識する。
②ゆっくり４～５回おこなったら、次はうしろに回す。

第3章

実技編

全身鍛える!
おすすめ
ウエイトトレーニング
12選

実技編の読み進め方

初めて負荷をかける場合のおすすめ負荷・回数です。不安がある場合はこれより軽くてもOK。

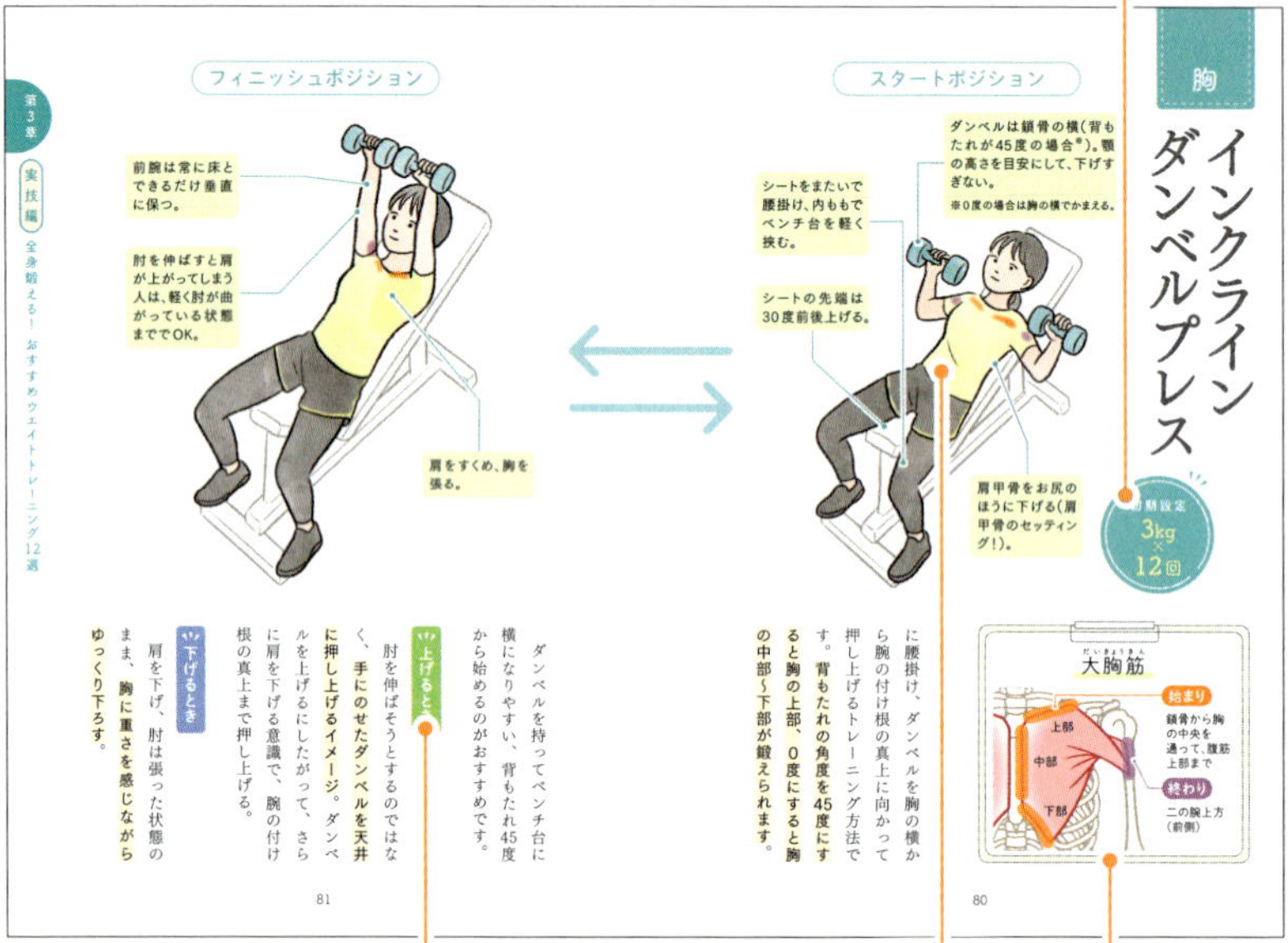

上げ下げの動作のポイントです。上の図とあわせて確認しましょう。

効かせるために、筋肉の「始まり」と「終わり」を意識的に近づけたり遠ざけたりしましょう。

ポイント! 呼吸について

呼吸を止めると力を入れやすいですが、呼吸を止める時間が長いと血圧が上がりすぎる危険があるため、できるだけ呼吸をしながら重量を持ち上げましょう。

基本 上げるときに吐いて、戻すときに吸う(背中の場合、引くときに吐いて、戻すときに吸う)。

デッドリフト・スクワット サイドバーに置く瞬間と上げ始めは、呼吸を止めてお腹にしっかり力を入れる。

さらに効かせるコツなど、ちょっとしたアドバイスです。

家などでできるフォーム練習方法です。トレーニング前やインターバル中に、フォーム確認のためにやるのもおすすめ。

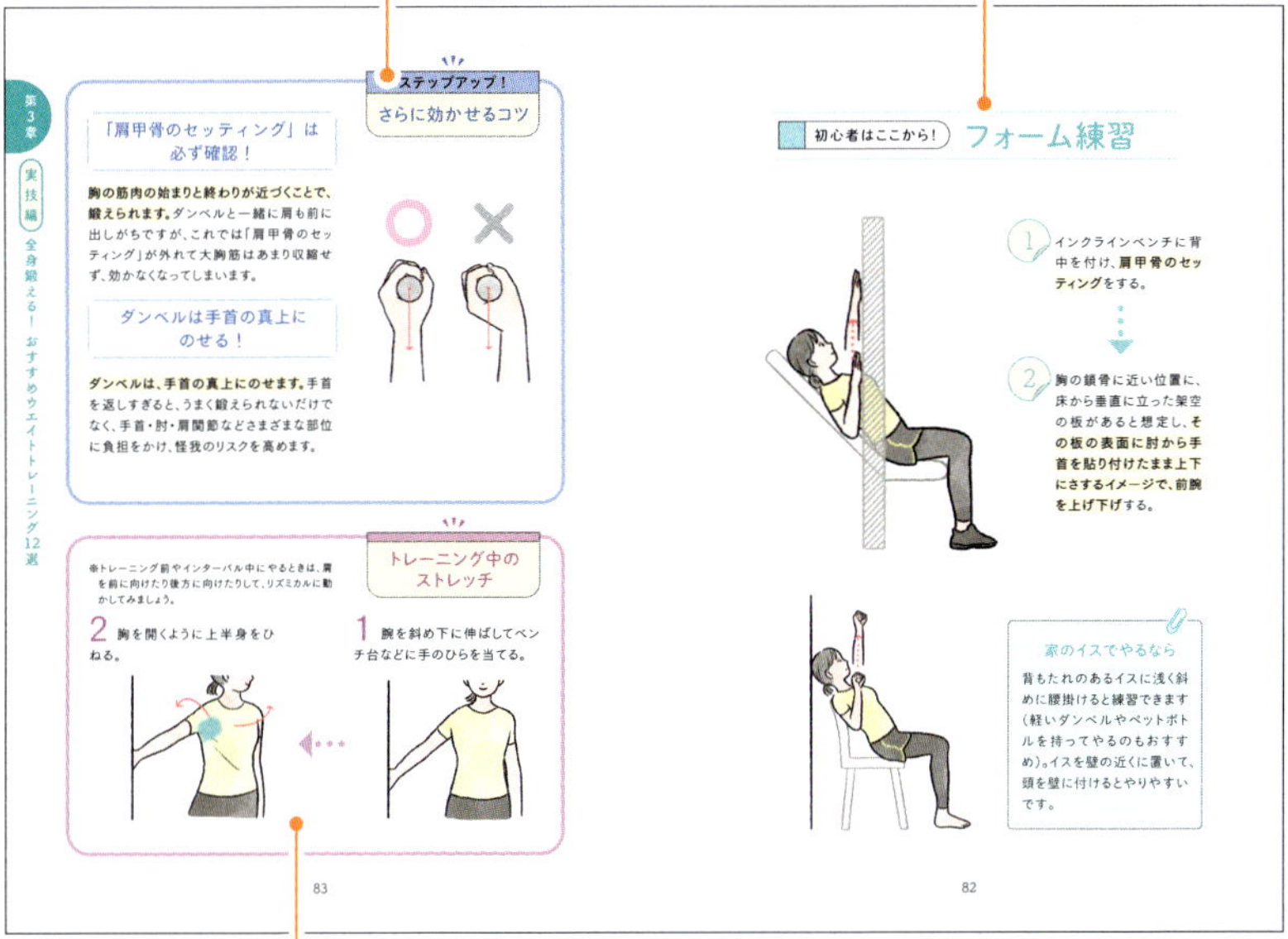
第3章
実技編
全身鍛える！おすすめウエイトトレーニング12選

ステップアップ！
さらに効かせるコツ

「肩甲骨のセッティング」は必ず確認！

胸の筋肉の始まりと終わりが近づくことで、鍛えられます。ダンベルと一緒に肩も前に出しがちですが、これでは「肩甲骨のセッティング」が外れて大胸筋はあまり収縮せず、効かなくなってしまいます。

ダンベルは手首の真上にのせる！

ダンベルは、手首の真上にのせます。手首を返しすぎると、うまく鍛えられないだけでなく、手首・肘・肩関節などさまざまな部位に負担をかけ、怪我のリスクを高めます。

トレーニング中のストレッチ

※トレーニング前やインターバル中にやるときは、肩を前に向けたり後方に向けたりして、リズミカルに動かしてみましょう。

1 腕を斜め下に伸ばしてベンチ台などに手のひらを当てる。

2 胸を開くように上半身をひねる。

83

初心者はここから！ フォーム練習

1 インクラインベンチに背中を付け、**肩甲骨のセッティング**をする。

2 胸の鎖骨に近い位置に、床から垂直に立った架空の板があると想定し、**その板の表面に肘から手首を貼り付けたまま上下にさするイメージで、前腕を上げ下げする。**

家のイスでやるなら

背もたれのあるイスに浅く斜めに腰掛けると練習できます（軽いダンベルやペットボトルを持ってやるのもおすすめ）。イスを壁の近くに置いて、頭を壁に付けるとやりやすいです。

82

鍛える部位のストレッチ方法です。トレーニング前やインターバル中は、少し反動をつけたリズミカルなストレッチがおすすめです。

ポイント！ 負荷の上げ下げの速さ

基本 2秒で上げて、3秒で戻す（背中の場合、2秒で引いて、3秒で戻す）。

※スクワットは下げる動作から入るので「3秒で下げて、2秒で上げる」。

※フォームを覚える段階では、もっとゆっくりでOK。

※フォームを正しくできる種目は、「1秒で上げて、3秒で戻す」でもOK。

全身

デッドリフト

スタートポジション

※パワーラックの一番下にバーを置いたところからスタート（難しければ慣れるまでは膝の高さからでもOK。はじめのうちはバーのセットをトレーナーさんに頼んでみましょう）。

お尻から後頭部までが一直線になるイメージ（顔は前を向く）。
腹筋は長いまま、左右の肋骨を中央に引き寄せるイメージでお腹に力を入れる。
肩甲骨セッティング！（みぞおちは若干前に向ける）
膝より少し外側でバーを握る。バーの中心を確認し、左右対称に握る。
足は腰幅に開き、つま先は若干外側に向ける。

初期設定
20kg
×
10回

全身の筋肉を同時に使って大きな力を発揮し、床からバーベルを持ち上げる**「動きの基本」となる種目**です。お腹の奥にある筋肉を働かせて正しいフォームで重い負荷を持ち上げる練習で、腰痛を引き起こすリスクから身体を防御する力がつきます。**一瞬にして大きな力を生み出す動作の練習**にもなるため、ゴルフの飛距離を伸ばす等の効果もあります。ヒップアップにとても効果的です。

フィニッシュポジション

「肩甲骨のセッティング」「顎を引く」ができているかチェック！

肩はすくめない！

肋骨を締めて、お腹を前に突き出さないようにする。

身体の中心に軸をつくり、体重は両足に均等にのせる。

パワーラックのバーはそれだけで20kgあります。最初はバーだけでやってみましょう！

上げるとき

頭からお尻までを一直線に保ったまま、股関節と膝を同時に伸ばして立ち上がる。手で引き上げるのではなく、**肩を下げたまま一気にみぞおちを引き上げるイメージ**。

下げるとき

お尻を後方に突き出しながら膝を曲げ、バーを太ももからできるだけ離さないようにしながら元の位置に下げる。**背中は丸めず「板にしたまま」下ろすイメージ**で。

初心者はここから！ フォーム練習

1 脚の付け根（Vライン）に手を当てる。

2 手を脚の付け根で挟み込むようにしながら、股関節と膝を曲げる。

※膝はつま先方向、お尻は後方に突き出し、後頭部は背中よりもうしろに残すイメージで。

慣れてきたら、フェイスタオルの両端を持って、動きの練習をしてみましょう。スタートポジションでは、タオルをピンと左右に張って、肩甲骨のセッティングをします。長めの棒があれば、それを使ってもOK！

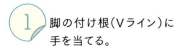

ステップアップ！

フォーム上達のコツ

立ち位置をチェック！

☑バーの中心から左右対称にまたぐ。

バーベルのシャフト（バー）には、中心や左右対称を確認する印があります。バーの中心から左右対称に腰幅で立ちましょう。

☑バーを見下ろしたとき、つま先がバーに少し隠れる位置まで近づいて立つ。

バーから離れた位置で持ち上げようとすると、腰への負担が大きくなるのでNG。

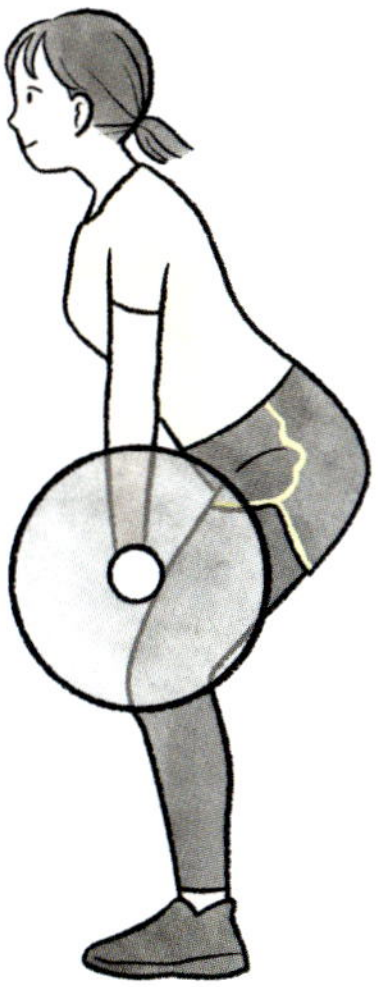

バーの軌道をチェック！

☑上げ下げするとき、バーは身体から離さない。

膝から上ではバーが太ももに当たるくらい身体に引き付けると、腰の負担が減ります。

トレーニング中のストレッチ

1 脚を前後に開く。

2 前側の脚を伸ばしてお尻をうしろに引き、前側の脚の裏ももを伸ばす。

※うしろ側の脚の膝は曲げてOK。

インクラインダンベルプレス

初期設定
3kg×12回

スタートポジション

ダンベルは鎖骨の横（背もたれが45度の場合※）。顎の高さを目安にして、下げすぎない。
※0度の場合は胸の横でかまえる。
シートをまたいで腰掛け、内ももでベンチ台を軽く挟む。
シートの先端は30度前後上げる。
肩甲骨をお尻のほうに下げる（肩甲骨のセッティング！）。

斜めに角度を付けたベンチ台に腰掛け、ダンベルを胸の横から腕の付け根の真上に向かって押し上げるトレーニング方法です。背もたれの角度を45度にすると胸の上部、0度にすると胸の中部～下部が鍛えられます。

大胸筋《だいきょうきん》

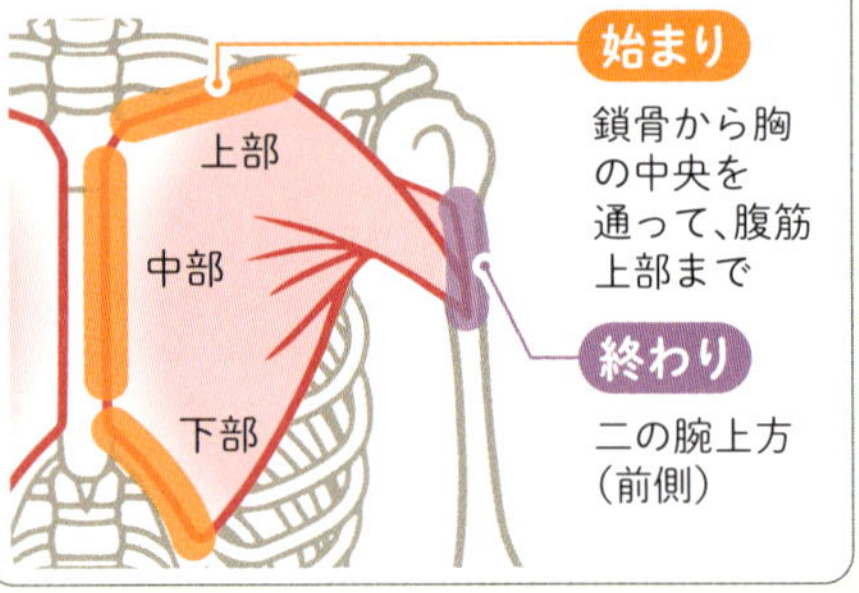
上部
中部
下部
始まり
鎖骨から胸の中央を通って、腹筋上部まで
終わり
二の腕上方（前側）

フィニッシュポジション

前腕は常に床とできるだけ垂直に保つ。
肘を伸ばすと肩が上がってしまう人は、軽く肘が曲がっている状態まででOK。
肩をすくめず、胸を張る。

ダンベルを持ってベンチ台に横になりやすい、背もたれ45度から始めるのがおすすめです。

上げるとき

肘を伸ばそうとするのではなく、**手にのせたダンベルを天井に押し上げるイメージ**。ダンベルを上げるにしたがって、**さらに肩を下げる意識**で、腕の付け根の真上まで押し上げる。

下げるとき

肩を下げ、肘は張った状態のまま、**胸に重さを感じながらゆっくり下ろす**。

初心者はここから！

フォーム練習

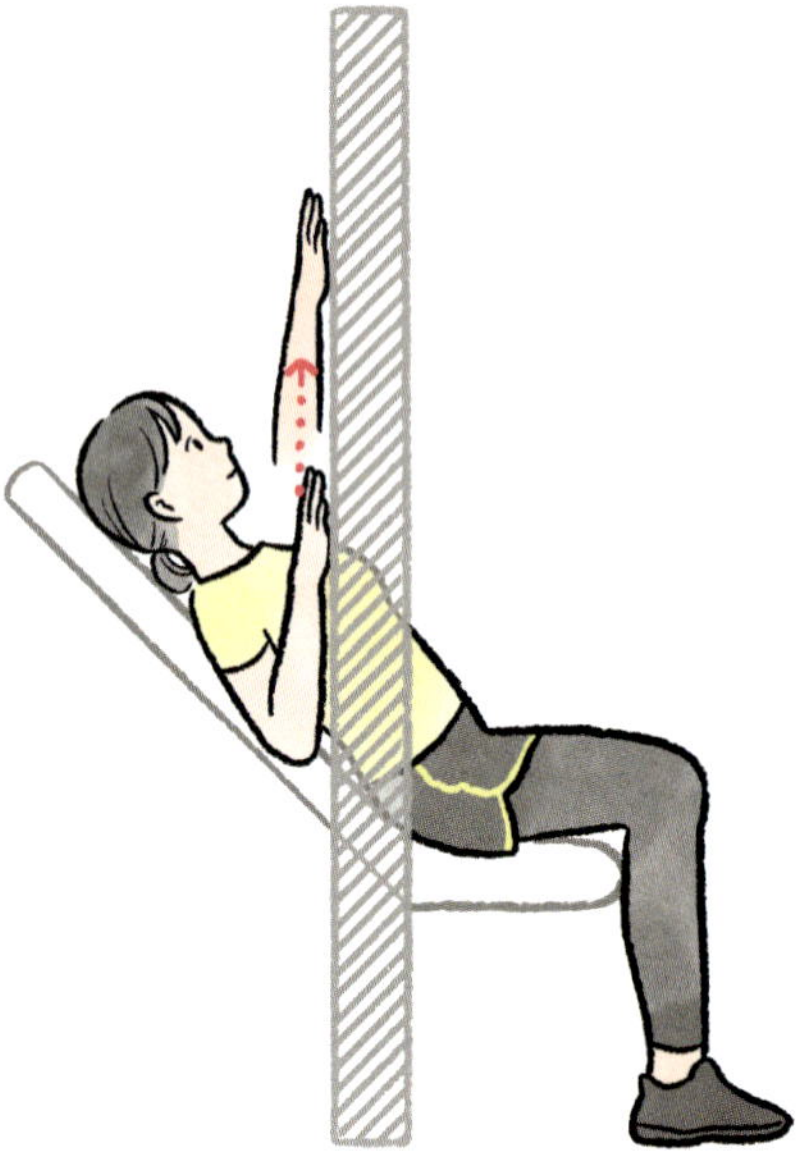

1 インクラインベンチに背中を付け、**肩甲骨のセッティング**をする。

2 胸の鎖骨に近い位置に、床から垂直に立った架空の板があると想定し、**その板の表面に肘から手首を貼り付けたまま上下にさするイメージで、前腕を上げ下げ**する。

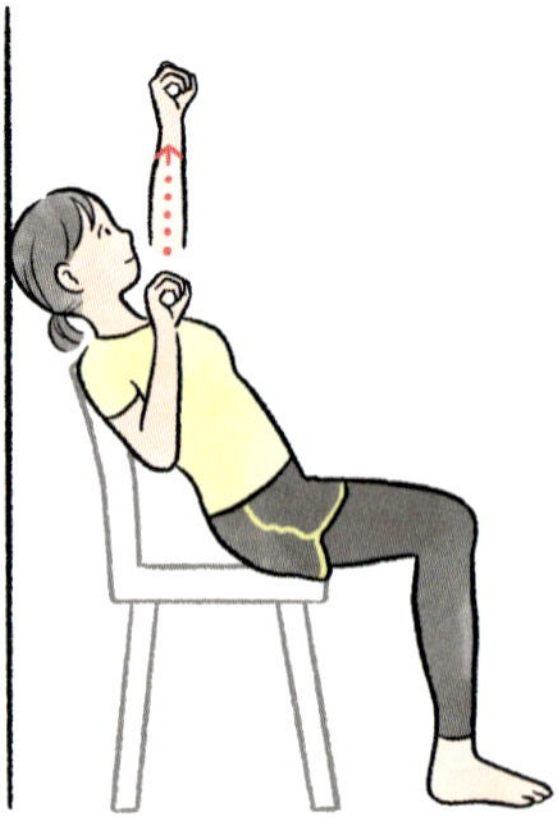

家のイスでやるなら

背もたれのあるイスに浅く斜めに腰掛けると練習できます（軽いダンベルやペットボトルを持ってやるのもおすすめ）。イスを壁の近くに置いて、頭を壁に付けるとやりやすいです。

ステップアップ！

さらに効かせるコツ

「肩甲骨のセッティング」は必ず確認！

胸の筋肉の始まりと終わりが近づくことで、鍛えられます。ダンベルと一緒に肩も前に出しがちですが、これでは「肩甲骨のセッティング」が外れて大胸筋はあまり収縮せず、効かなくなってしまいます。

ダンベルは手首の真上にのせる！

ダンベルは、手首の真上にのせます。手首を返しすぎると、うまく鍛えられないだけでなく、手首・肘・肩関節などさまざまな部位に負担をかけ、怪我のリスクを高めます。

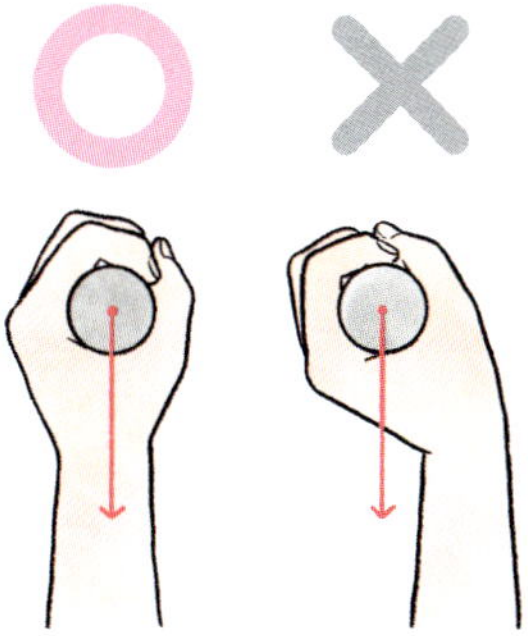

トレーニング中のストレッチ

※トレーニング前やインターバル中にやるときは、肩を前に向けたり後方に向けたりして、リズミカルに動かしてみましょう。

1 腕を斜め下に伸ばしてベンチ台などに手のひらを当てる。

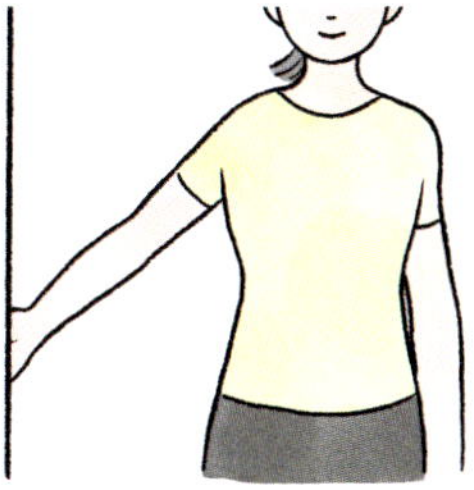

2 胸を開くように上半身をひねる。

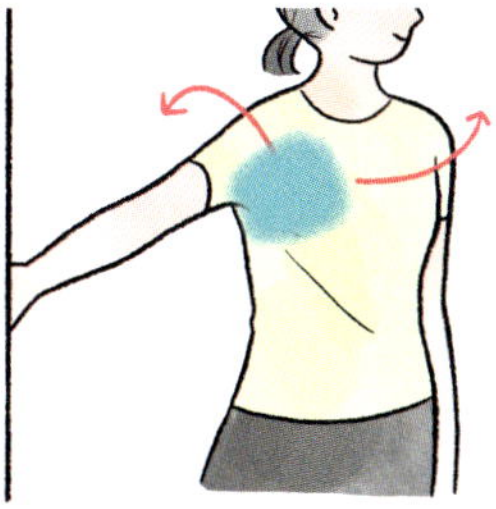

背中

ラットプルダウン（リバースグリップ）

スタートポジション

※器具の重りが上がって、背中に負荷がかかった状態からスタート。

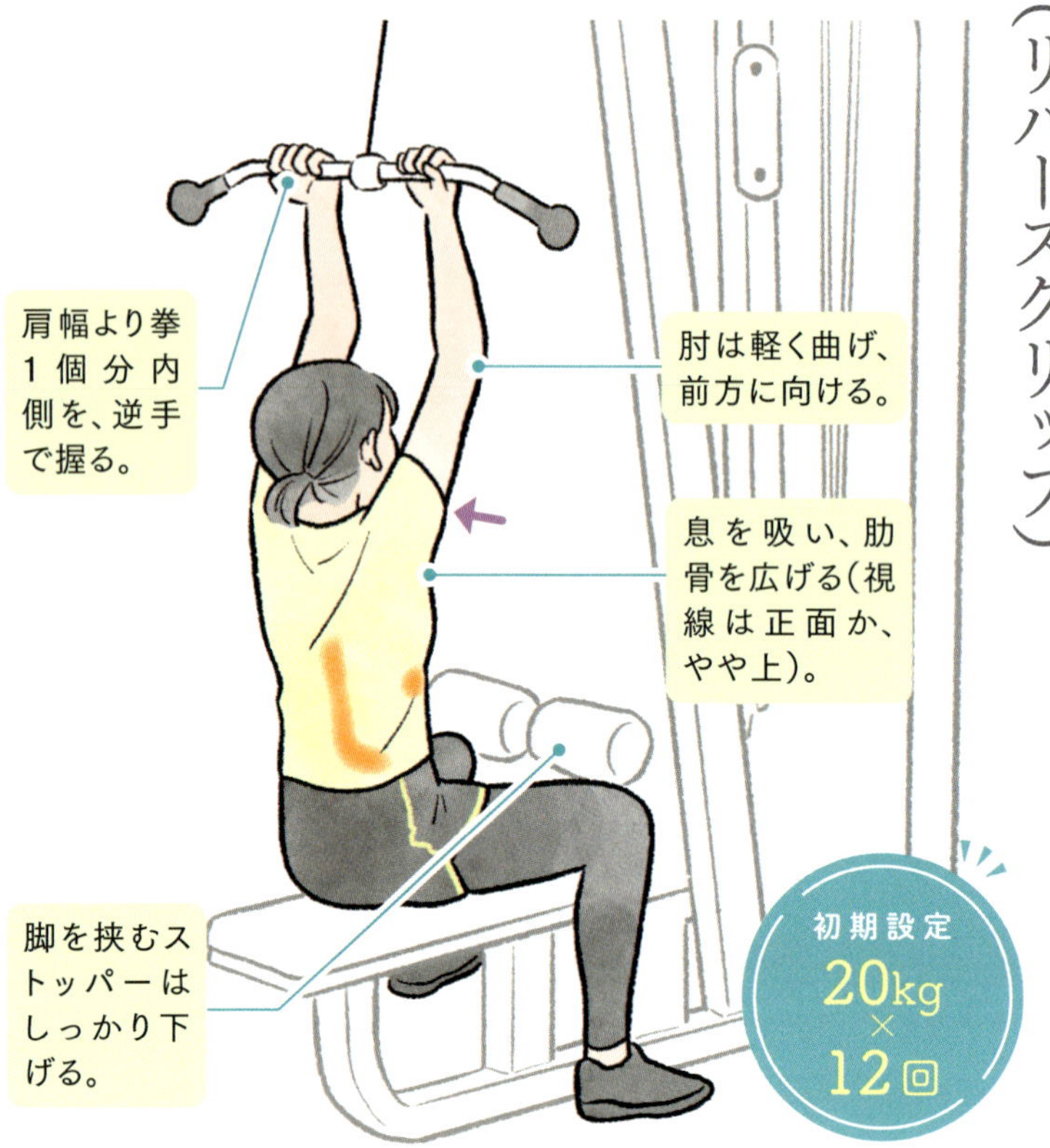

肩幅より拳1個分内側を、逆手で握る。
肘は軽く曲げ、前方に向ける。
息を吸い、肋骨を広げる（視線は正面か、やや上）。
脚を挟むストッパーはしっかり下げる。
初期設定
20kg
×
12回

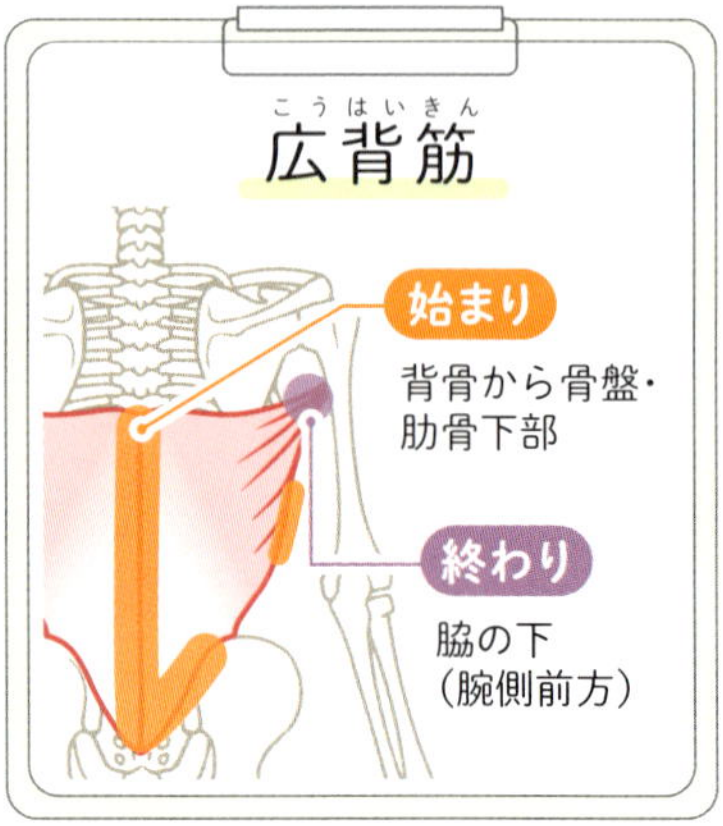

広背筋《こうはいきん》
始まり
背骨から骨盤・肋骨下部
終わり
脇の下（腕側前方）

背中の広範囲に付く筋肉なので、効かせる意識が難しい場所です。ラットマシンのバーを逆手で握って引くと、意識しやすくなります。

腕で引くのではなく、**脇の下を骨盤に近づけたり遠ざけたりする意識**でやってみましょう。みぞおちを引き上げ、**「肩甲骨**

フィニッシュポジション

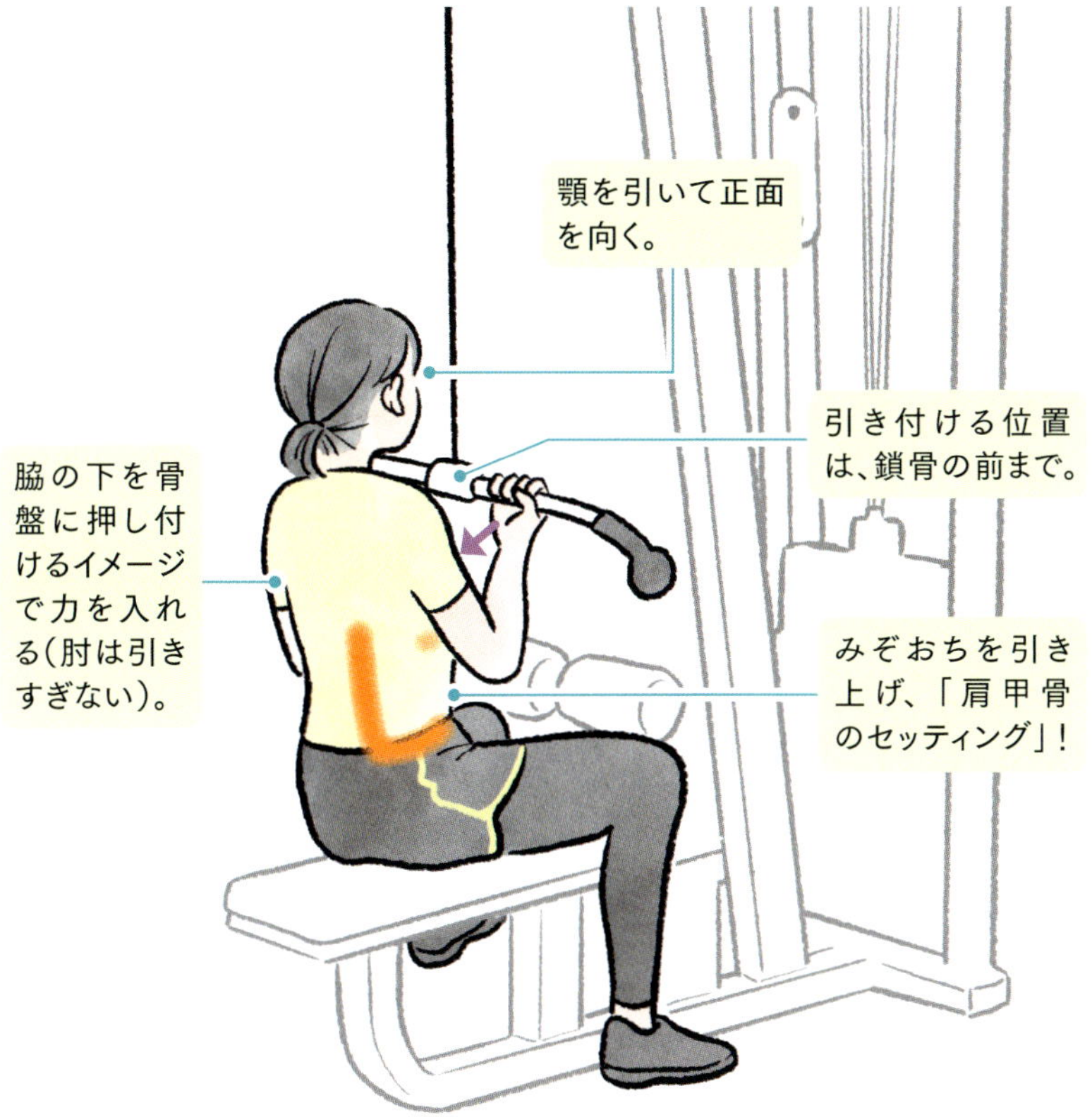
顎を引いて正面を向く。
引き付ける位置は、鎖骨の前まで。
脇の下を骨盤に押し付けるイメージで力を入れる（肘は引きすぎない）。
みぞおちを引き上げ、「肩甲骨のセッティング」！

のセッティング」をしっかり意識して引けば、胸が引き上げられたいい姿勢がつくれますよ。

引くとき

へそから上をやや後方に倒しながら、**脇の下を骨盤に押し付けていくイメージ**で、息を吐きながらバーを鎖骨の前まで引き下ろす。

戻すとき

肘だけを伸ばすのではなく、息を吸いながら**脇の下ごと腕を天井に引き上げるイメージ**で、肋骨を広げながら戻す。

初心者はここから！

フォーム練習

「ストレッチしたフォーム」と「収縮したフォーム」を覚えると、うまく鍛えられるようになります！

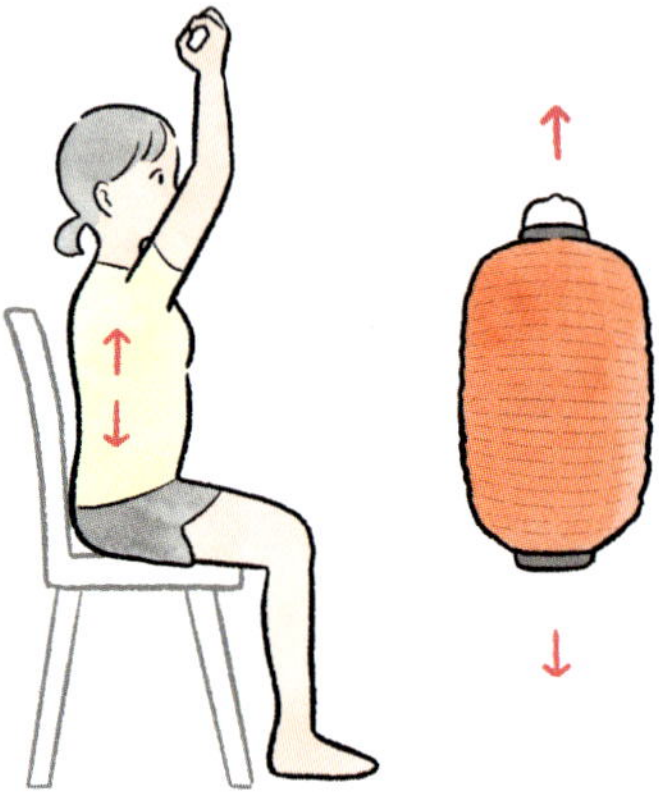

1 胴体の肋骨で覆われた部分（胸郭）を「ちょうちん」だとイメージする。

2 まずはストレッチのフォーム。肘と脇の下を天井のほうに引き上げながら、息を思い切り吸い、ちょうちんを大きく広げる。

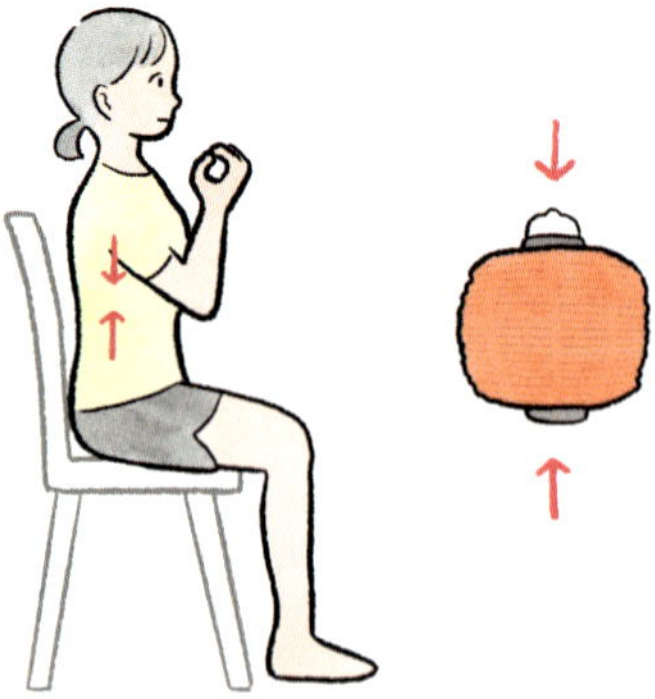

3 次に収縮のフォーム。息を吐いてちょうちんを圧縮し、肩甲骨のセッティングをする。

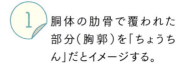

ステップアップ！

さらに効かせるコツ

筋肉の始まりと終わりを意識！

フォーム練習で動きのイメージがつかめたら、脇の下（筋肉の**終わり**）が骨盤（筋肉の**始まり**）から離れ、収縮で近づくのを意識しましょう。

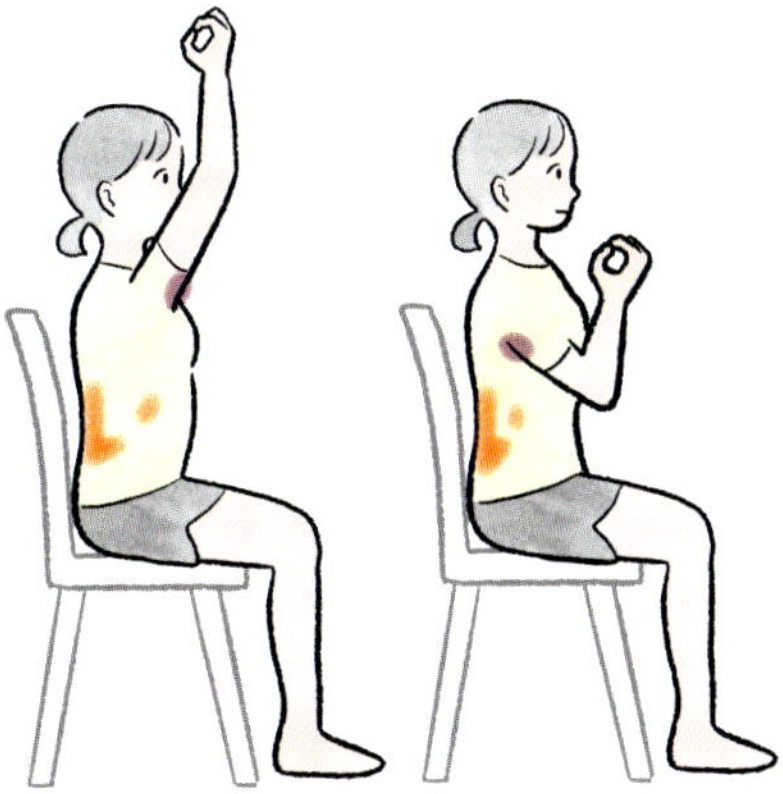

引くときも、お腹の表面は長く保つ！

バーを引くときにお腹の表面を縮めてしまうと背中が丸くなります。**お腹の表面を長く保ったまま、お腹の奥に力を入れる**ことが大事です。

※お腹をへこませながら「あ～」と大きな声を出すと、お腹の奥に力を入れる感覚がつかめる！

トレーニング中のストレッチ

1 柱などにつかまり、肘を軽く曲げたまま、内側に締める。

2 みぞおちを脇の下から遠ざけるように背中を丸め、体重をうしろにかける。この姿勢のまま大きく深呼吸すると、さらに効率よくストレッチできる。

シーテッド・ロウイング

スタートポジション

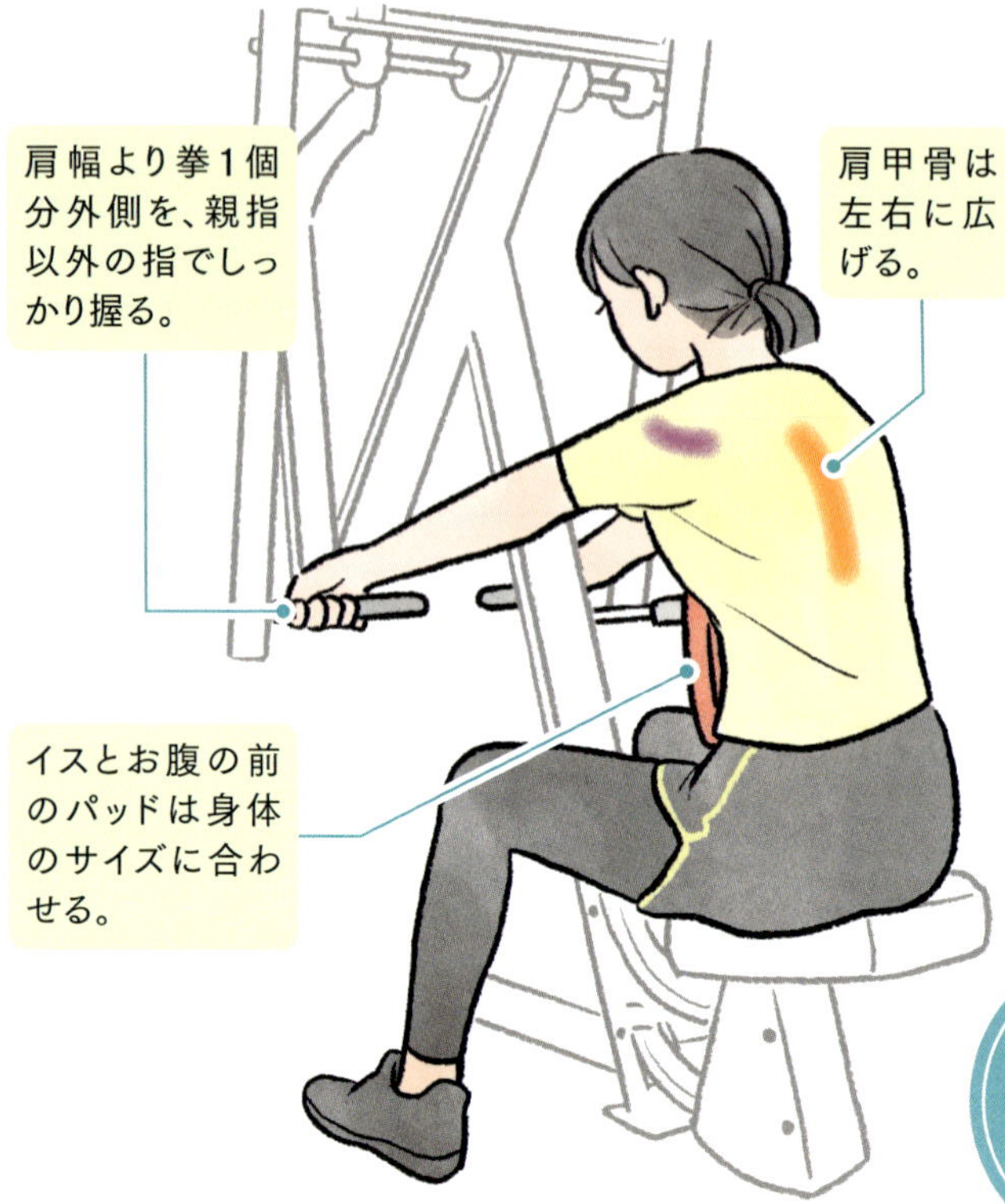
肩幅より拳1個分外側を、親指以外の指でしっかり握る。
肩甲骨は左右に広げる。
イスとお腹の前のパッドは身体のサイズに合わせる。

初期設定
25kg × 12回

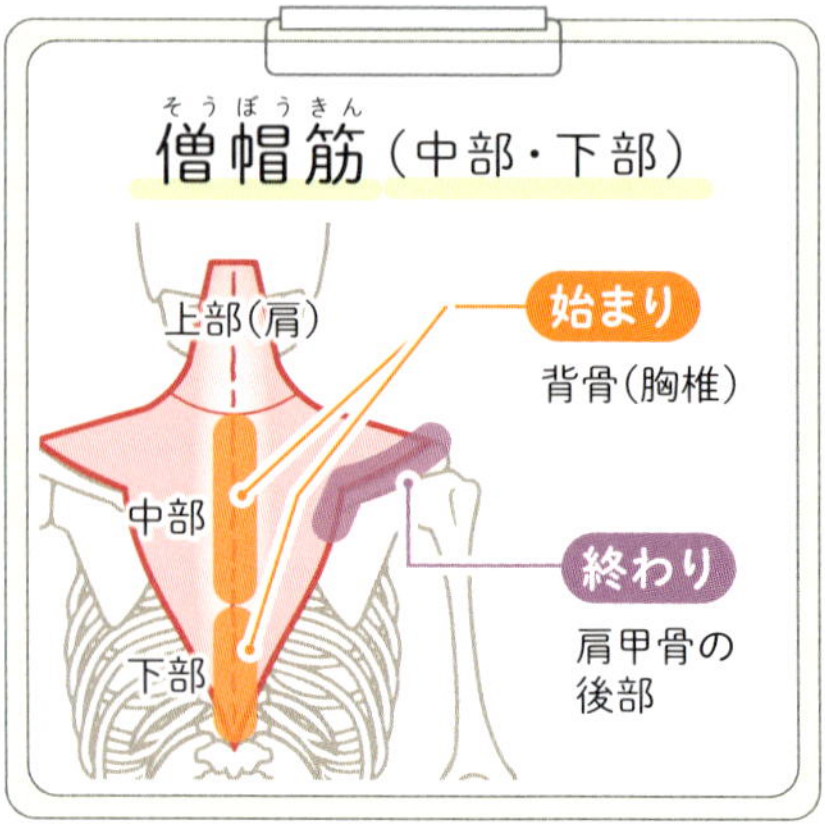
僧帽筋《そうぼうきん》（中部・下部）
上部（肩）
中部
下部
始まり
背骨（胸椎）
終わり
肩甲骨の後部

僧帽筋は上部・中部・下部に分けられます。一般的に知られている僧帽筋は上部（肩に分類）です。

対して、鍛えづらく弱くなりやすい下部の筋肉は、姿勢を正したり、肩の動きを正常に保ったりするのに役立ちます。この

フィニッシュポジション

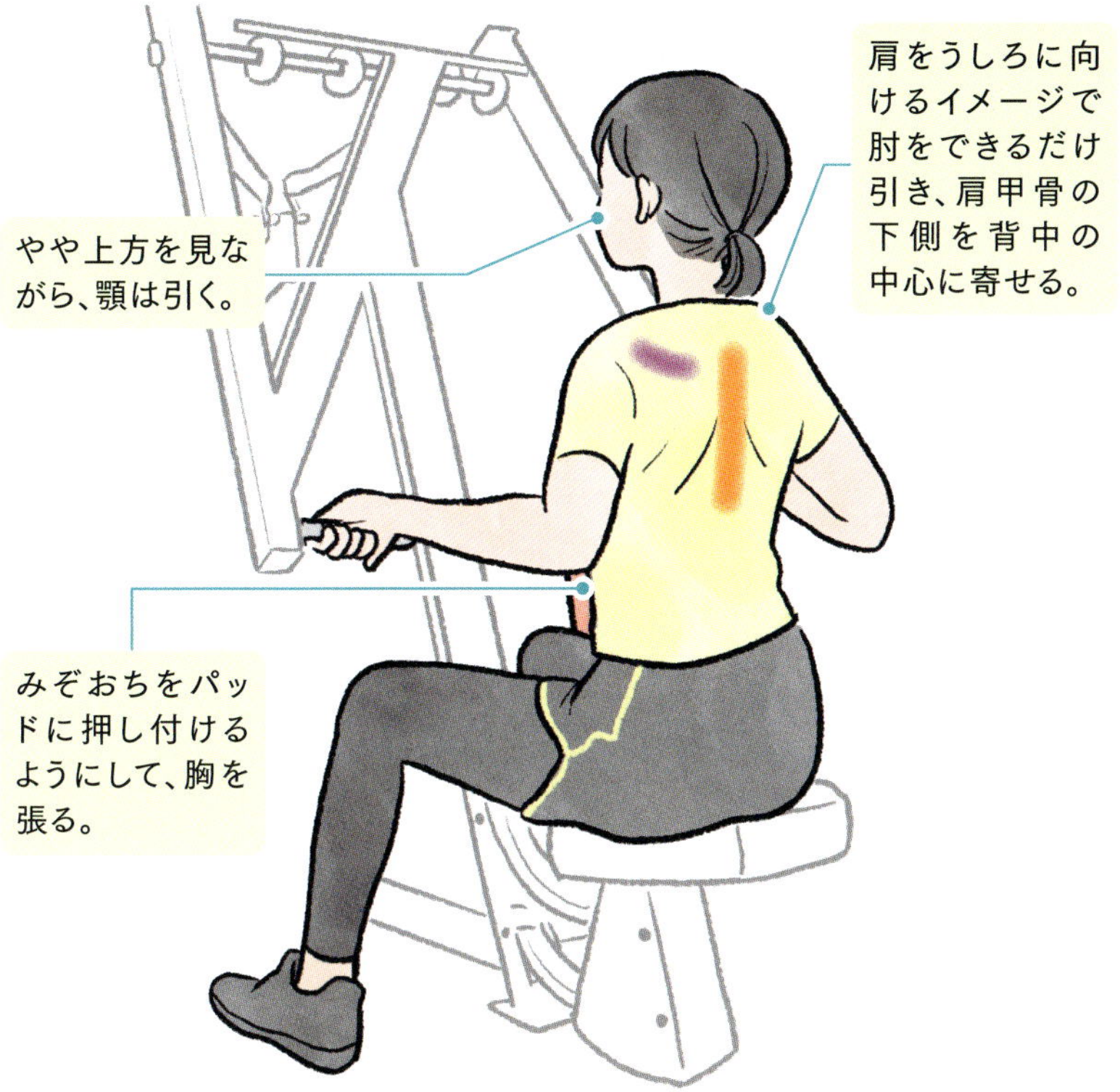
肩をうしろに向けるイメージで肘をできるだけ引き、肩甲骨の下側を背中の中心に寄せる。
やや上方を見ながら、顎は引く。
みぞおちをパッドに押し付けるようにして、胸を張る。

種目では、肩甲骨を下方に寄せるように引き、**下部にもしっかり刺激が入るように**トレーニングしましょう。

引くとき

肩甲骨を背中の中央下側に寄せるのが目標。前にパッドがある場合は、みぞおちをパッドに押し付けながら、肩をうしろに向けるイメージで肘を引く。

戻すとき

肩甲骨が開くのを意識しながら戻す。

初心者はここから！

フォーム練習

肩回りの筋肉の柔軟性が足りないと、正しい方向に負荷を引けず、僧帽筋上部にばかり刺激が入ってしまうことがあります。そこで、次の動きを練習しましょう。

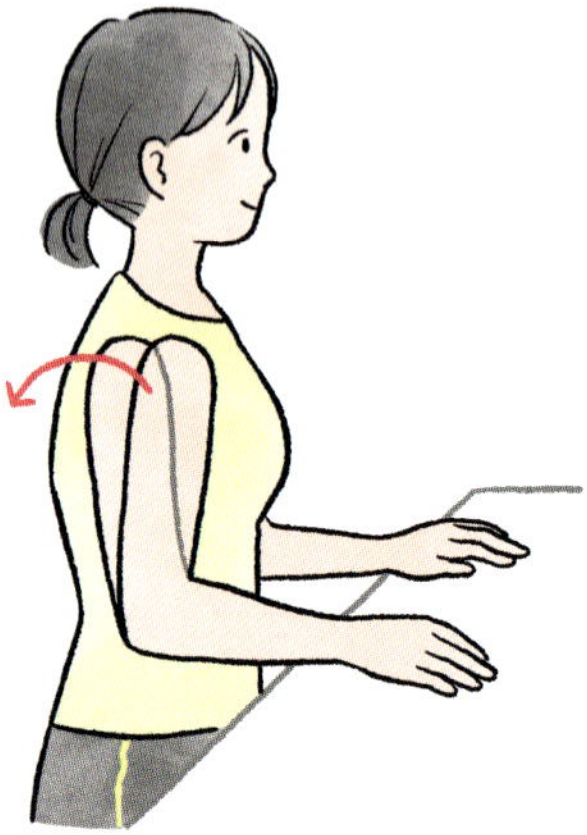

1 机などに手をついて、肩だけをうしろに返す。

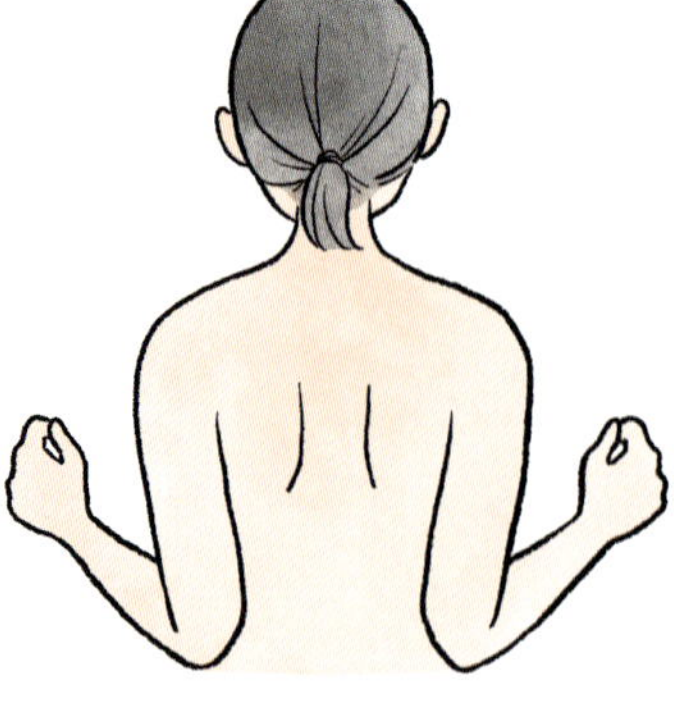

2 ①の肩の返しを意識しながら、肘を背中に巻き付ける（トレーニング実技時は、実際に巻き付ける必要はない）。

ステップアップ！

さらに効かせるコツ

肩甲骨を自在に動かそう！

負荷なしで、肩甲骨を「上中央に寄せる」「まっすぐ中央に寄せる」「下中央に寄せる」という動きの確認をしてからトレーニング動作に入ると、使う筋肉を認識しやすくなります。

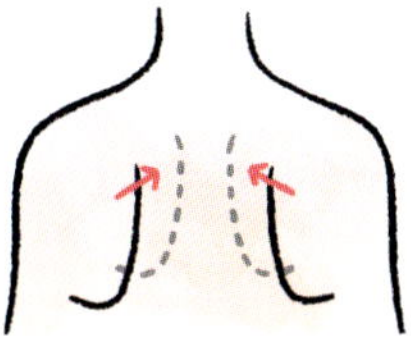

上中央に寄せる動き

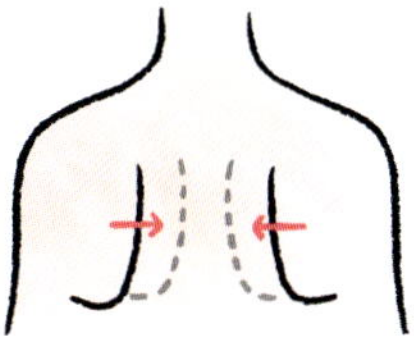

中央に寄せる動き

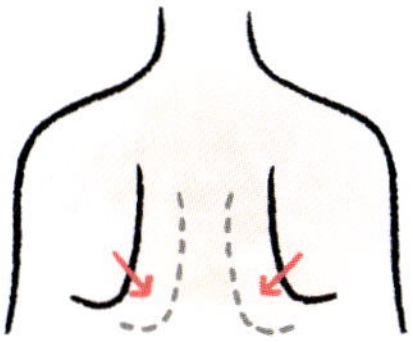

下中央に寄せる動き

トレーニング中のストレッチ

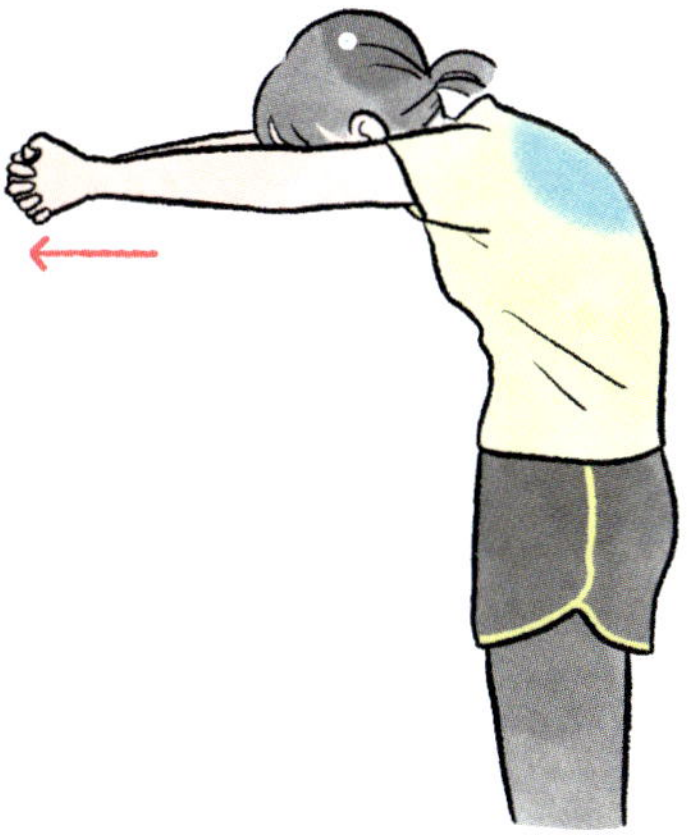

1 腕を伸ばして手を組み、肩甲骨を左右に広げながら手を身体から遠ざけるように伸ばす。

2 伸ばしては力を抜き、伸ばしては力を抜き……をリズミカルに繰り返す。

脚

置き上げバーベルスクワット

スタートポジション

※パワーラックの使い方は、112ページのポイントも確認してみてください。

首の一番下の飛び出た骨の下でバーベルをかつぐ。
※肩を寄せると盛り上がる筋肉の上にのせる。
お腹の表面を長く保ったまま、肋骨を中央に押し付けるようにお腹に力を入れる。
肩幅程度に脚を開き、つま先は若干外に向ける。

初期設定
20kg×10回

スクワットは全身種目ですが、とくに大腿《だいたい》四《し》頭筋《とうきん》、大臀筋《だいでんきん》、ハムストリングスを鍛えられます。しゃがみきる高さを決めてバーベルを下ろしきり、そこから上げ直すスクワットです。**一般的なスクワットより脚の筋肉の使用率が高まるのが特徴です。膝関節を安定させる筋肉群も鍛えられる**ので、膝関節に故障のある人や膝痛が出やすい人にもおすすめ。バーベルをストッパーに置くため初心者でも安全で、丁寧に深くしゃがむ練習ができます。

フィニッシュポジション

正面よりやや下を自然に見る。
サイドストッパーの上にバーベルを丁寧に置ききる。なお、サイドストッパーの高さは骨盤の横の出っ張りくらいの高さが目安。
膝はつま先より前に出す（膝の皿の下部がつま先の真上にくる程度）。
お尻はしっかり下げる。

しゃがむとき

股関節を後方斜め上に引き上げるように少し折り曲げ始めてから、膝と股関節を同時に曲げていく。ストッパーに置ききる少し手前から、**お尻をさらに床に落としていくよう意識する。**背中は反らさない。

立ち上がるとき

お腹の表面を長く保ったまま、左右の肋骨を中央に押しつけるようにお腹に力を入れ、**へその位置を垂直に引き上げるイメージ**で立ち上がる。

初心者はここから！

フォーム練習

1 脚を肩幅に開き、つま先はやや外に向ける。脚の付け根（Vライン）に小指側を付けるように手を当てる。

2 手を股関節で挟み込むようにしゃがむ。

3 深くしゃがんだら（慣れたら大腿部が床と平行になる位置までしゃがむ）、肘を太ももの上に乗せる（前方に鏡があれば姿勢をチェック！）。

4 そのまま頭のうしろに手を回してから、立ち上がる。

ステップアップ！
さらに効かせるコツ

上げ始めのフォーム練習でチェック！

サイドストッパーに置ききった位置から、「10～20cmだけ上げては置ききる」を繰り返して、前後のブレ・左右のブレをチェックしましょう。

前後のブレ 上げ始めにお辞儀をするようにお尻から上げがちですが、これは基本的にはNG。**できるだけ上体の角度を変えずに上げます。**

左右のブレ お尻を傾けて上げたり、片方の膝を内側に入れるなどの「ゆらぎ」が出やすいので、そうならないように練習。

トレーニング中のストレッチ

1 膝を曲げ、お尻のうしろで足首を持つ。

2 膝をうしろに引いてお尻を締め、太ももの前側を伸ばす。

※不安定な場合は壁に反対の手をついておこなう。

※デッドリフトで紹介した裏もものストレッチ(79ページ)もあわせてやってみましょう。

太もも
（前面）

レッグエクステンション

スタートポジション

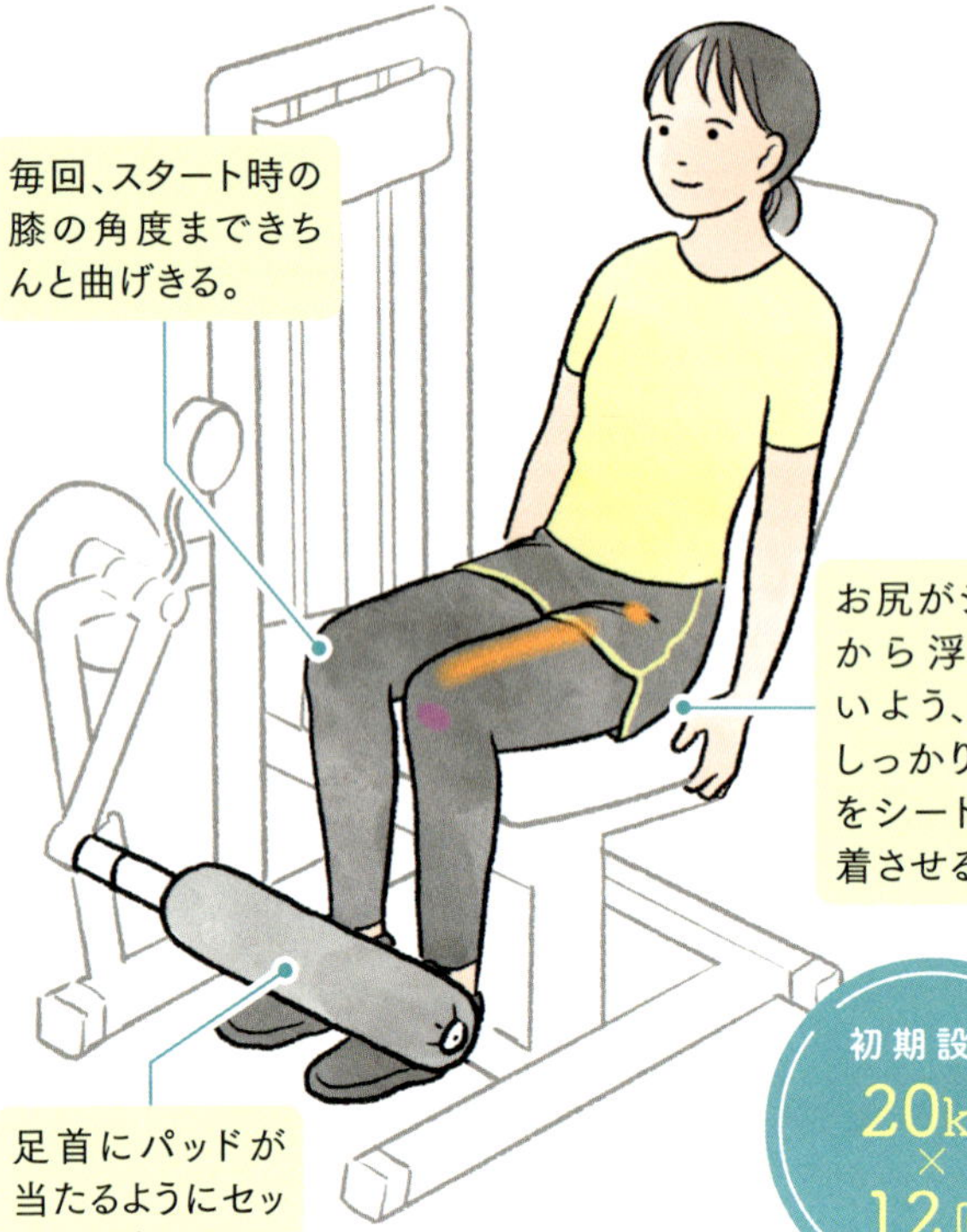
毎回、スタート時の膝の角度まできちんと曲げきる。
お尻がシートから浮かないよう、手でしっかり身体をシートに密着させる。
足首にパッドが当たるようにセッティングする。

初期設定
20kg × 12回

大腿四頭筋は、股関節を曲げる働きを持つ大腿直筋《だいたいちょっきん》と、膝を伸ばす働きに特化した広筋群《こうきんぐん》（内側・外側・中間）の、四つの筋肉の総称。スクワットでは働かない大腿直筋も、この種目で鍛えられます。

筋肉の発達に加え若返りにも

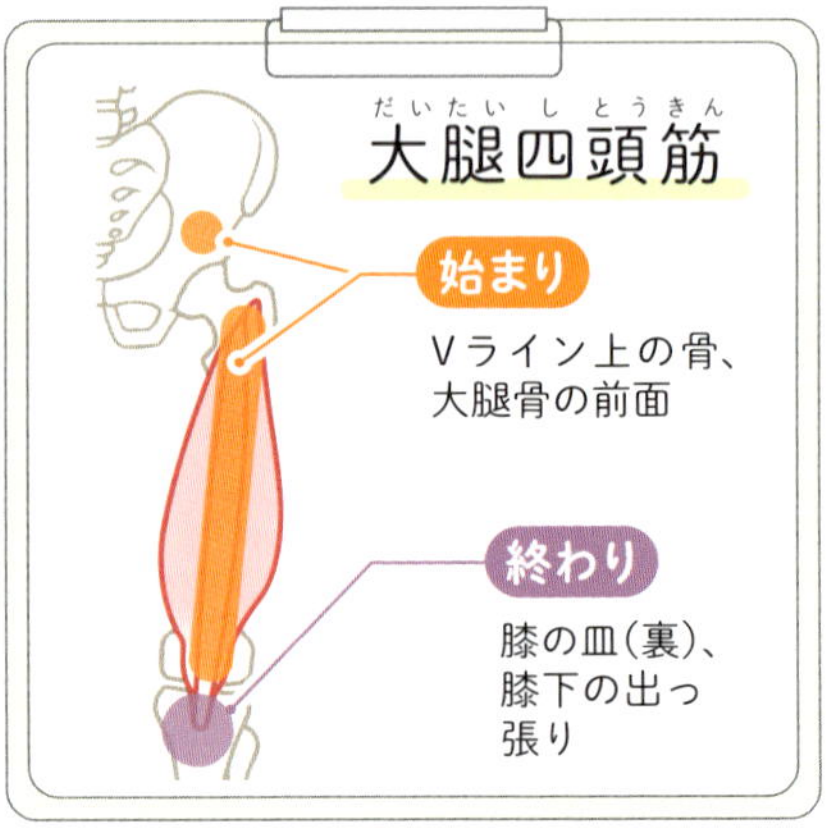
大腿四頭筋《だいたいしとうきん》
始まり
Vライン上の骨、大腿骨の前面
終わり
膝の皿（裏）、膝下の出っ張り

フィニッシュポジション

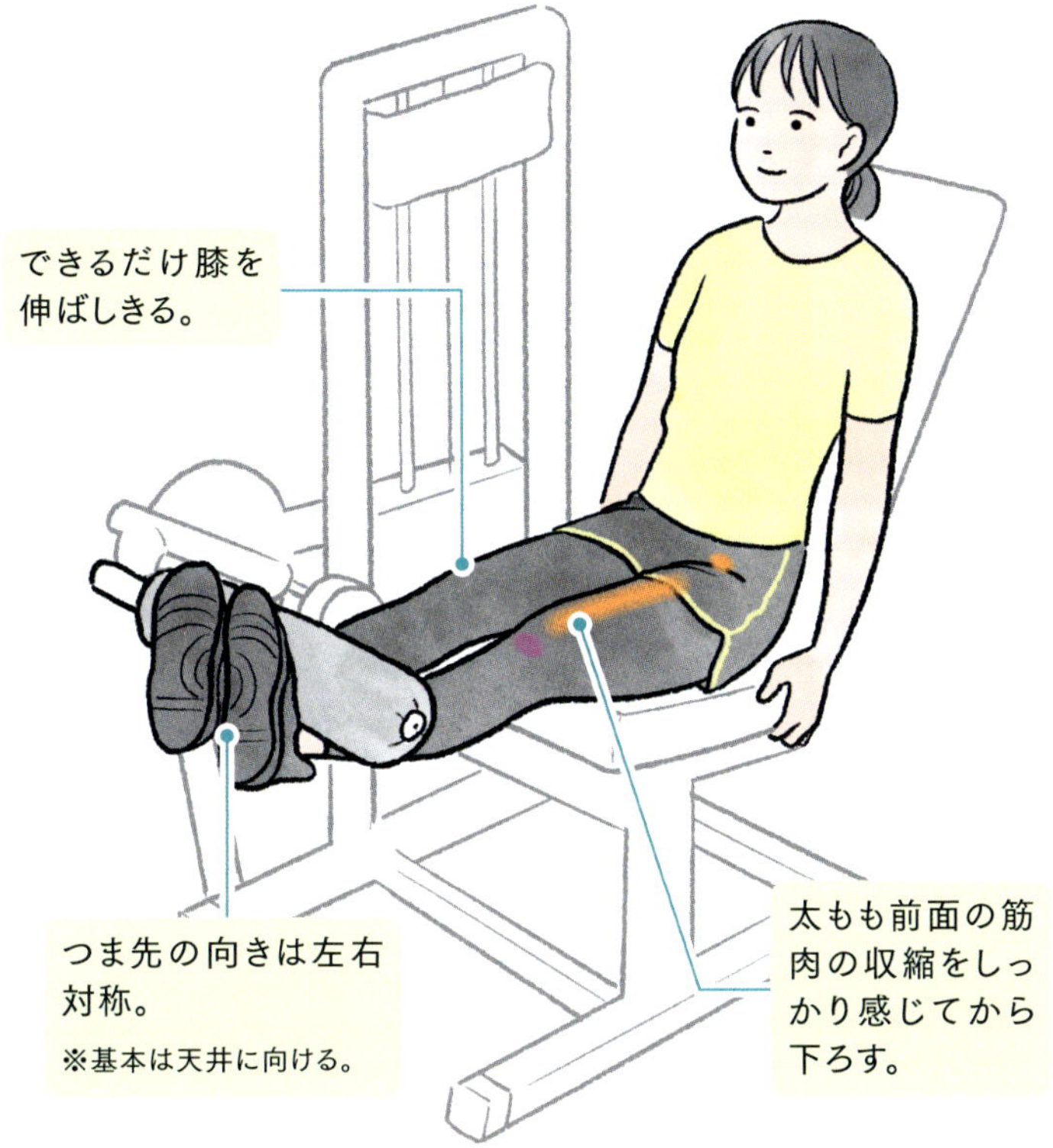
できるだけ膝を伸ばしきる。
つま先の向きは左右対称。
※基本は天井に向ける。
太もも前面の筋肉の収縮をしっかり感じてから下ろす。

かかわる「乳酸」という物質が動作中に多く溜まり、痛みを強く感じる種目ですが、効果を発揮している証です。

上げるとき

足首は軽く返して、上げる方向につま先を向ける。お尻は浮かないように注意。

下げるとき

太もも前面に重さを感じながら、丁寧に下ろす。お尻は座面にしっかり付け、膝を曲げて戻す。

インターバル中は、95ページのストレッチをやってみましょう！

太もも（後面）

ライイング・レッグカール

スタートポジション

背中は丸くならないように注意。「肩甲骨のセッティング」を軽く意識！
膝はマシンの支点の位置に合わせる。
つま先の方向は左右対称。足幅は腰幅を目安に。

初期設定
20kg×12回

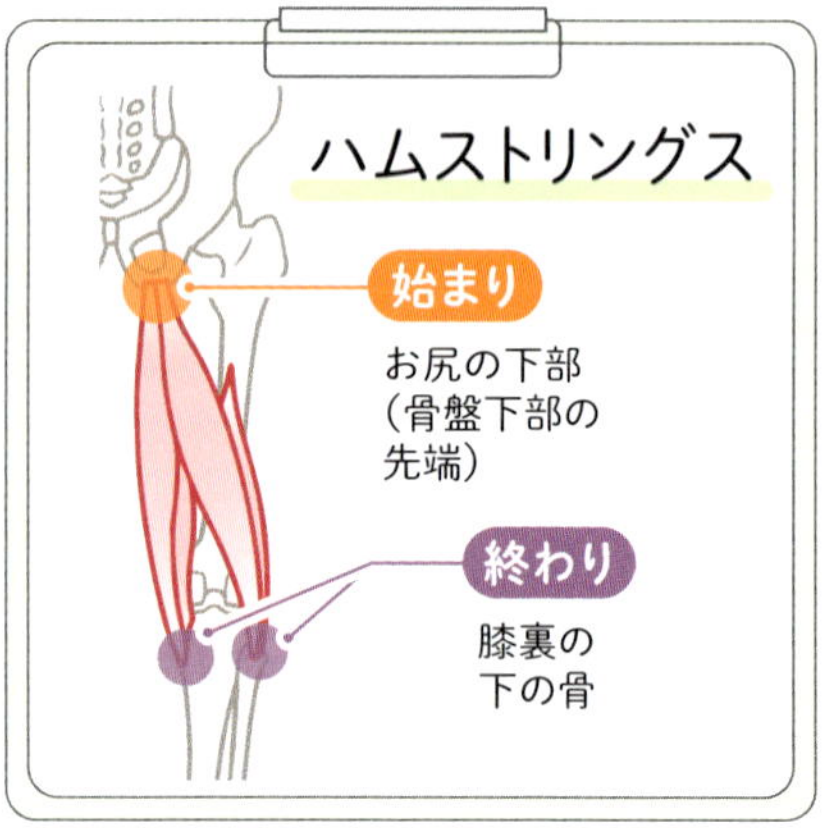

ハムストリングス
始まり
お尻の下部（骨盤下部の先端）
終わり
膝裏の下の骨

ハムストリングスは、外側に付く大腿《だいたい》二《に》頭筋《とうきん》と、内側の半膜《はんまく》様筋《ようきん》・半腱様筋《はんけんようきん》の総称です。太もも前面と後面をバランスよく鍛えることで怪我の予防につながるので、レッグエクステンションとあわせてやりましょう。

つま先の向きで働く筋肉が多少変化しますが、はじめは足首

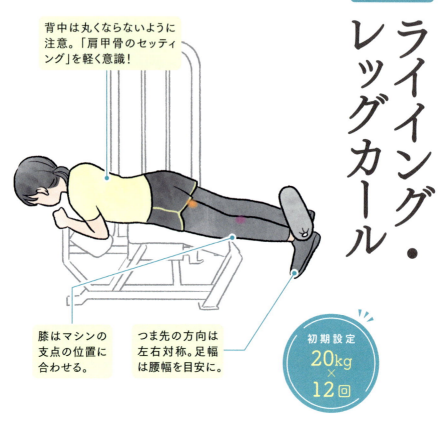

フィニッシュポジション

お尻にもしっかり力を入れて、できるだけ股関節がシートから浮かないようにする。
膝はシートから大きく上げすぎない。

を返し、足の向きは平行でやってみてください。

上げるとき

膝裏とお尻の下部を近づけるイメージで膝を曲げる。上体で反動をつけないこと。

下げるとき

太ももの裏に重さを感じながら、丁寧に下ろす。

インターバル中は、79ページのストレッチをやってみましょう！

カーフレイズ

スタンディングカーフレイズ
（膝を伸ばしておこなうタイプ。主に腓腹筋）

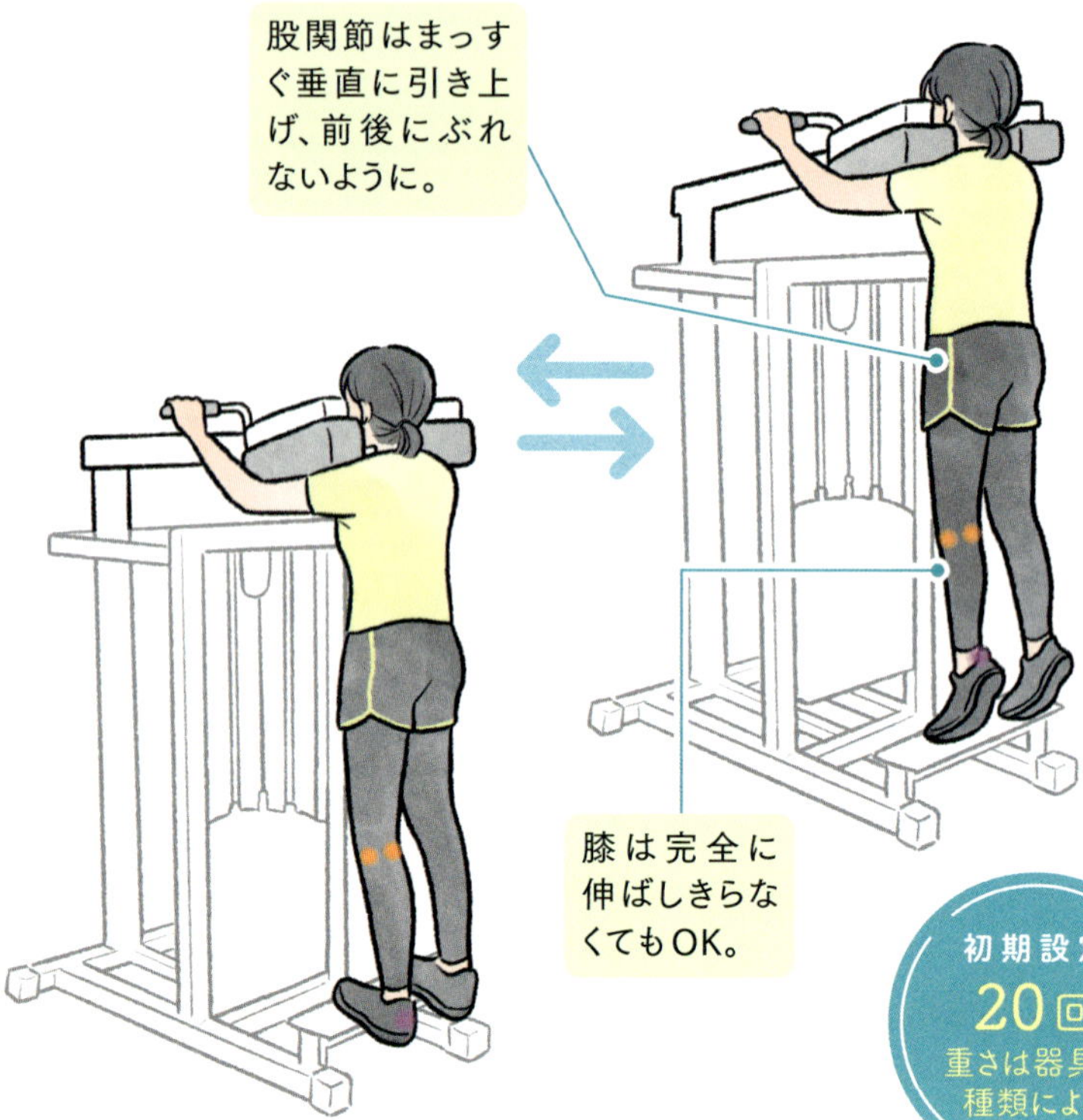
股関節はまっすぐ垂直に引き上げ、前後にぶれないように。
膝は完全に伸ばしきらなくてもOK。

初期設定
20回
重さは器具の種類による

ふくらはぎの表面で盛り上がっている「腓腹筋」と、その奥に付く「ヒラメ筋」は、かかとの上げ下げで鍛えます。

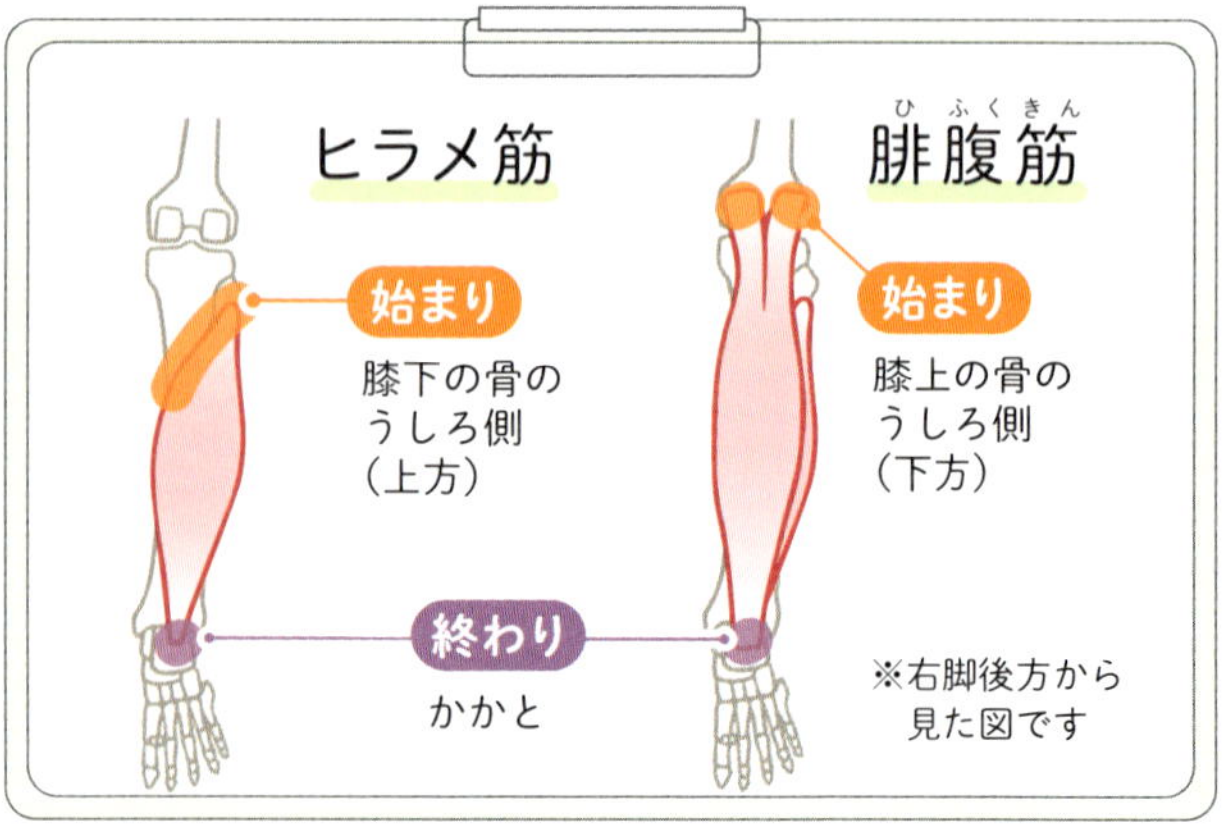
ヒラメ筋
始まり
膝下の骨のうしろ側（上方）
腓腹筋《ひふくきん》
始まり
膝上の骨のうしろ側（下方）
終わり
かかと
※右脚後方から見た図です

シーテッドカーフレイズ
（膝を90度以上曲げておこなうタイプ。主にヒラメ筋）

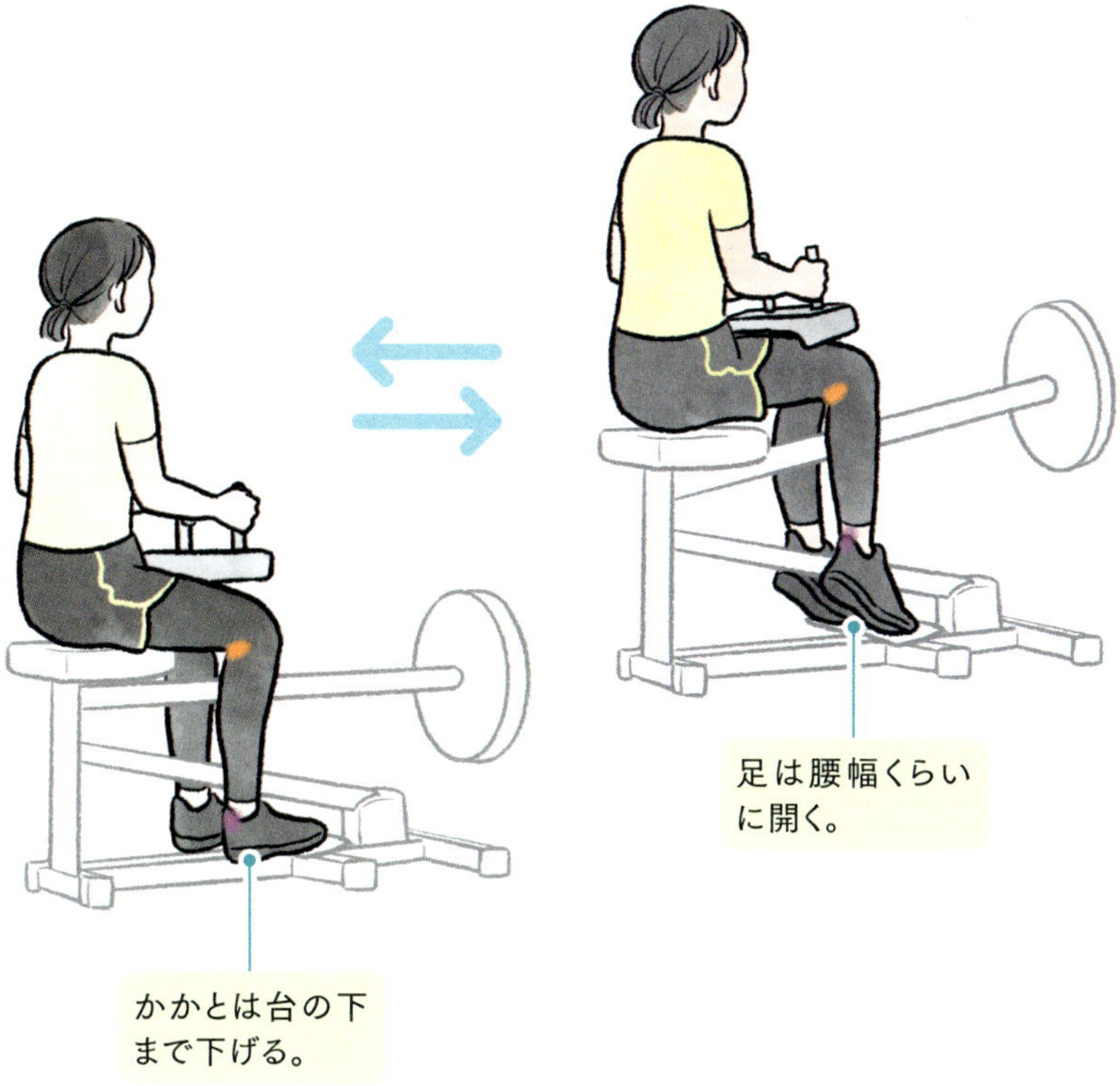
かかとは台の下まで下げる。
足は腰幅くらいに開く。

膝の関節をまたいで付いている「腓腹筋」は、走る動作や跳躍動作で強く働く筋肉です。「ヒラメ筋」は膝をまたがずに膝下の骨に付き、歩行や立ち上がり動作でもよく働く筋肉です。

上げるとき

小指側に体重が逃げないように、**親指側にもしっかり体重を乗せて**、かかとを上げる。

下げるとき

ふくらはぎにストレッチを感じるところまで、丁寧に下げる。

サイドレイズ

スタートポジション

「肩甲骨セッティング」「顎引き」のいい姿勢で！
ダンベルは中指から小指に引っ掛けて握る。親指は軽く添える程度。
ダンベルは太ももの真横よりやや前方。
脚を肩幅に開いて重心を安定させ、お尻を締める（ベンチに腰掛ける場合は、両膝を付ける）。

初期設定
2kg × 12回

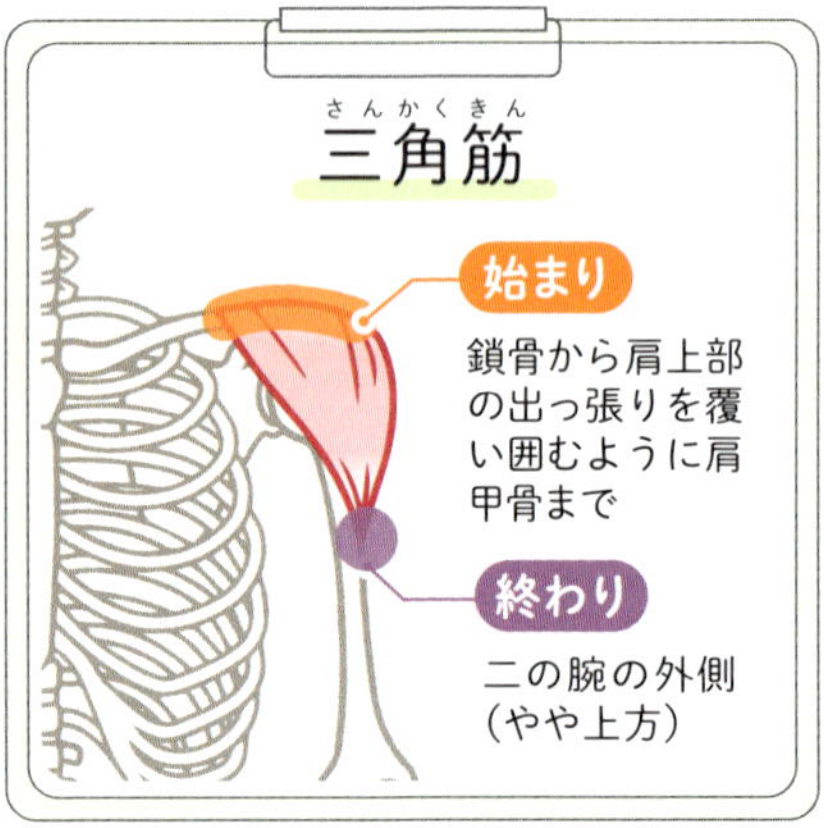
三角筋《さんかくきん》
始まり
鎖骨から肩上部の出っ張りを覆い囲むように肩甲骨まで
終わり
二の腕の外側（やや上方）

サイドレイズは無意識に持ち上げると僧帽筋（上部）が強く働いてしまい、三角筋に効きません。「肩甲骨のセッティング」などのポイントをおさえて、確実に三角筋に効かせましょう。

三角筋は前・中・後に分かれていて、ダンベルを前方に上げ

フィニッシュポジション

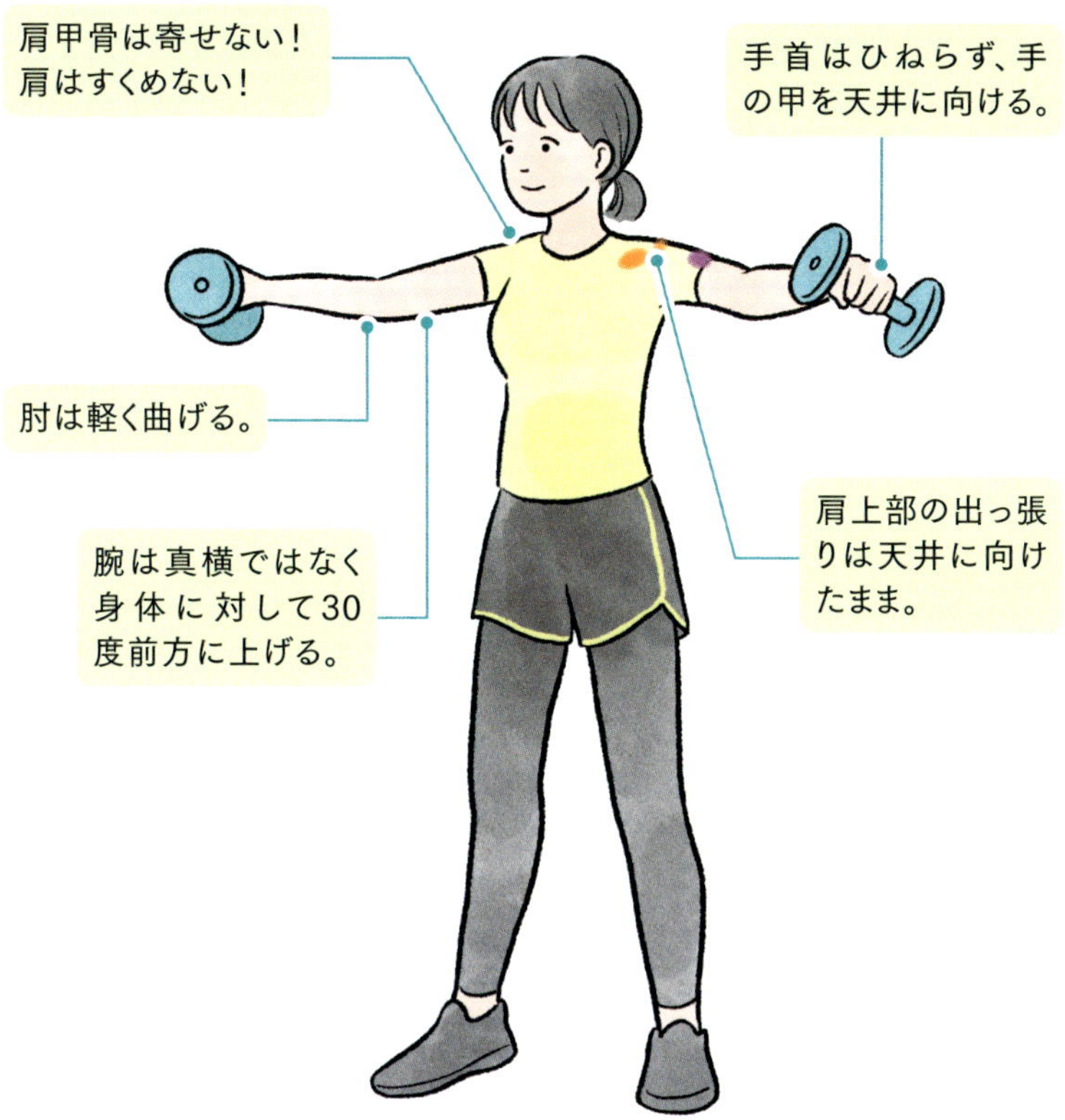
肩甲骨は寄せない！
肩はすくめない！
手首はひねらず、手の甲を天井に向ける。
肘は軽く曲げる。
肩上部の出っ張りは天井に向けたまま。
腕は真横ではなく身体に対して30度前方に上げる。

ると前部、側方で中部、上体を前傾させ胸の前から肩の横に上げれば後部を鍛えられます。正しいフォームでできれば、五十肩予防にもなります。

上げるとき

肩をすくめたり肩甲骨を寄せたりせずに、**筋肉の始まりのラインを蝶番《ちょうつがい》と考えて、腕だけ上げる。**上げる方向は真横ではなく身体に対して30度前方。

下げるとき

三角筋に負荷を感じながら、丁寧に下ろす。

初心者はここから!

フォーム練習

1 手指を広げ、肘は軽く曲げたまま、肩はすくめずに、腕を肩の高さに上げる。
※方向は肘が視界に入る程度に前方。

2 手の甲・前腕・二の腕に何かをのせて、それを落とさないようにしているイメージをつくる。←これがフィニッシュポジション!

3 ①、②の軌道で腕を上げ下げしてみる。

重りを持たなければ正しいフォームをつくれても、重りを握った途端に「肩をすくめる」「肩甲骨を寄せる」といった動きが出てしまうことがあります。まずは軽いペットボトルなどを持って、練習してみましょう!

ステップアップ！

さらに効かせるコツ

三角筋の収縮を確認してみよう

負荷は持たずに、肩の上にある出っ張りの外側（筋肉の始まり部分）を逆の手の人差し指全体で触ってみましょう。そこを軽く下に押さえつけながら、腕を上げ下げします。上げる手の甲は天井に向けて、筋肉の終わりを肩を押さえている人差し指に近づける意識で。これが、三角筋の収縮です。

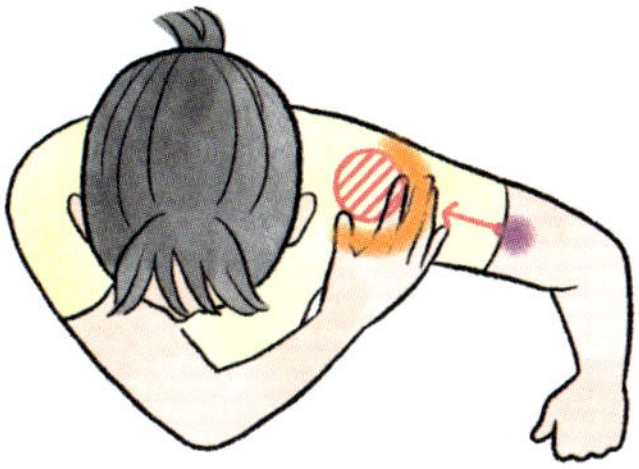

トレーニング中のストレッチ

1 腕をうしろに回して、腰の上で手を重ねる。

2 そのまま肩をうしろに返したり戻したりする。

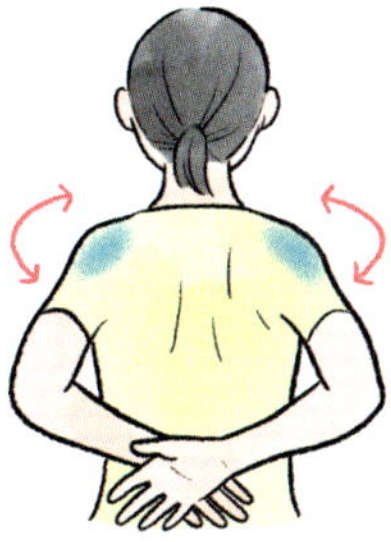

肩の前〜中

1 胸の前に肘の内側を引きつけ、肘を伸ばす。

2 そのまま肩を上下させたり回したりする。

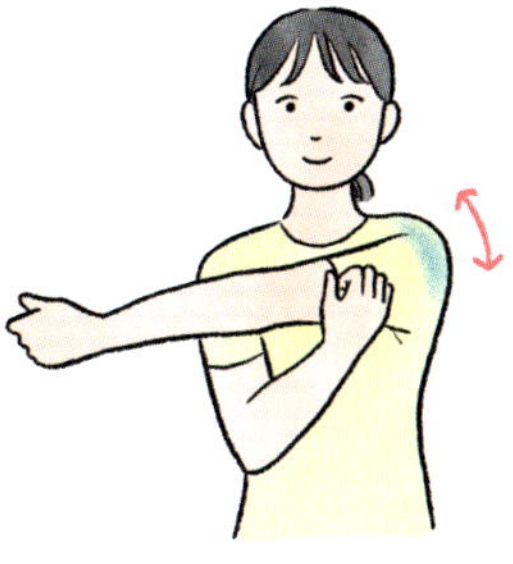

肩のうしろ〜中

二の腕
（前面）

インクラインアームカール

スタートポジション

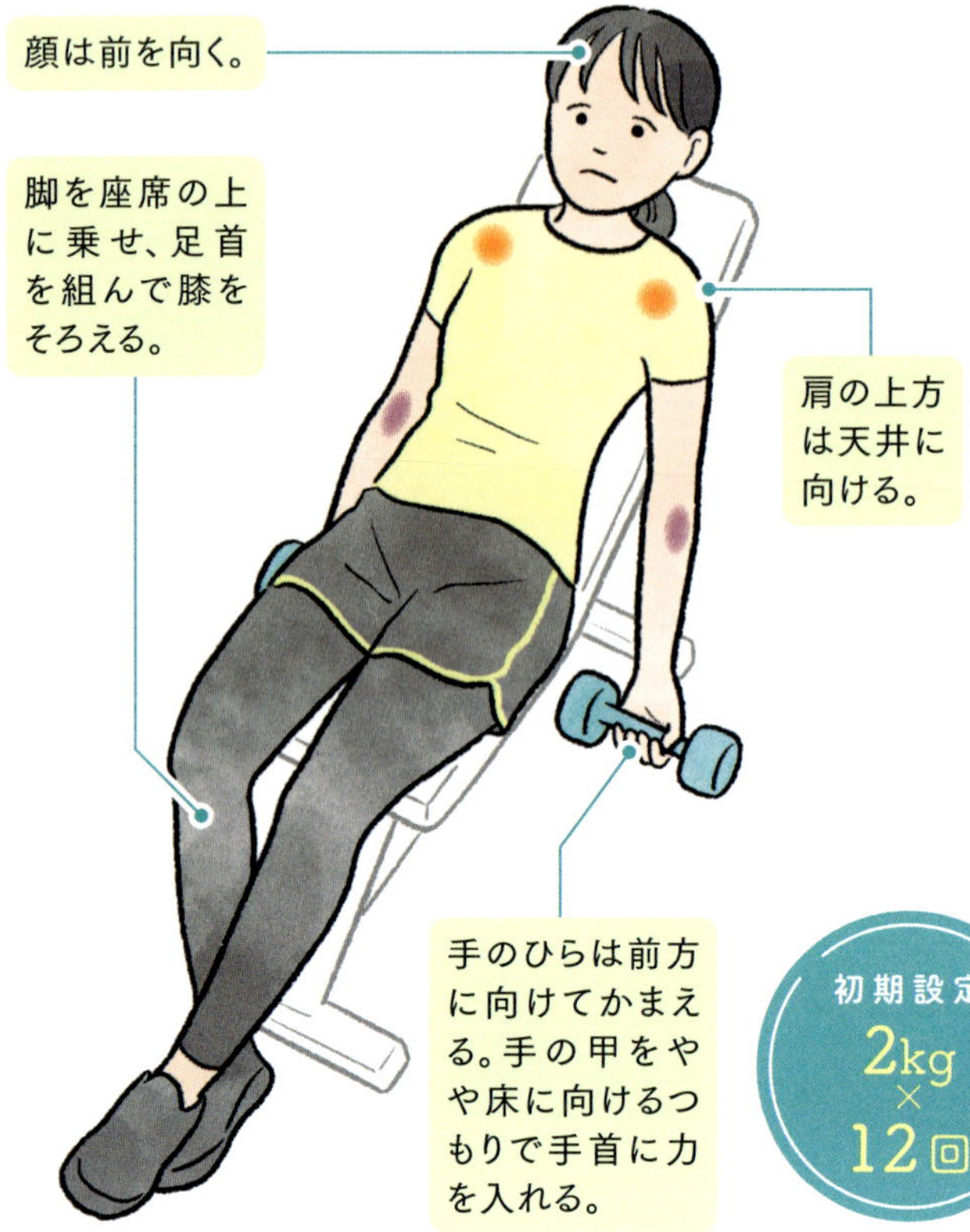
顔は前を向く。
脚を座席の上に乗せ、足首を組んで膝をそろえる。
肩の上方は天井に向ける。
手のひらは前方に向けてかまえる。手の甲をやや床に向けるつもりで手首に力を入れる。

初期設定
2kg
×
12回

斜めに腰掛けて、上腕二頭筋にストレッチを十分にかけた位置から筋肉を収縮させる種目です。

効率よく鍛えられる上に、この体勢での負荷の上げ下げは腹筋も大きく加担させることになり、代謝上昇も期待できます。

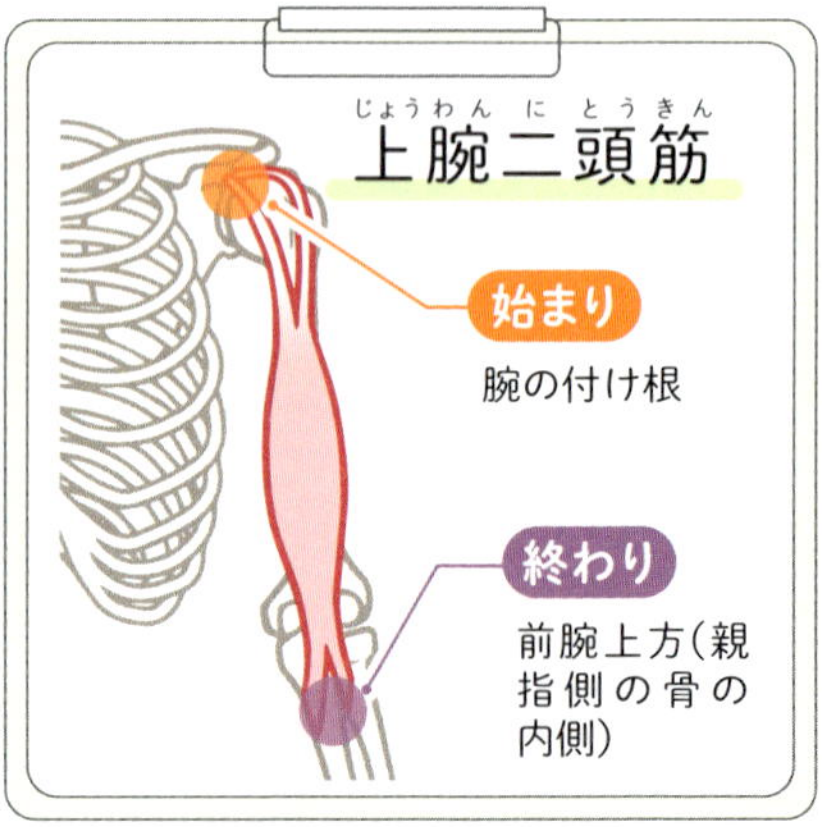
上腕二頭筋《じょうわんにとうきん》
始まり
腕の付け根
終わり
前腕上方（親指側の骨の内側）

フィニッシュポジション

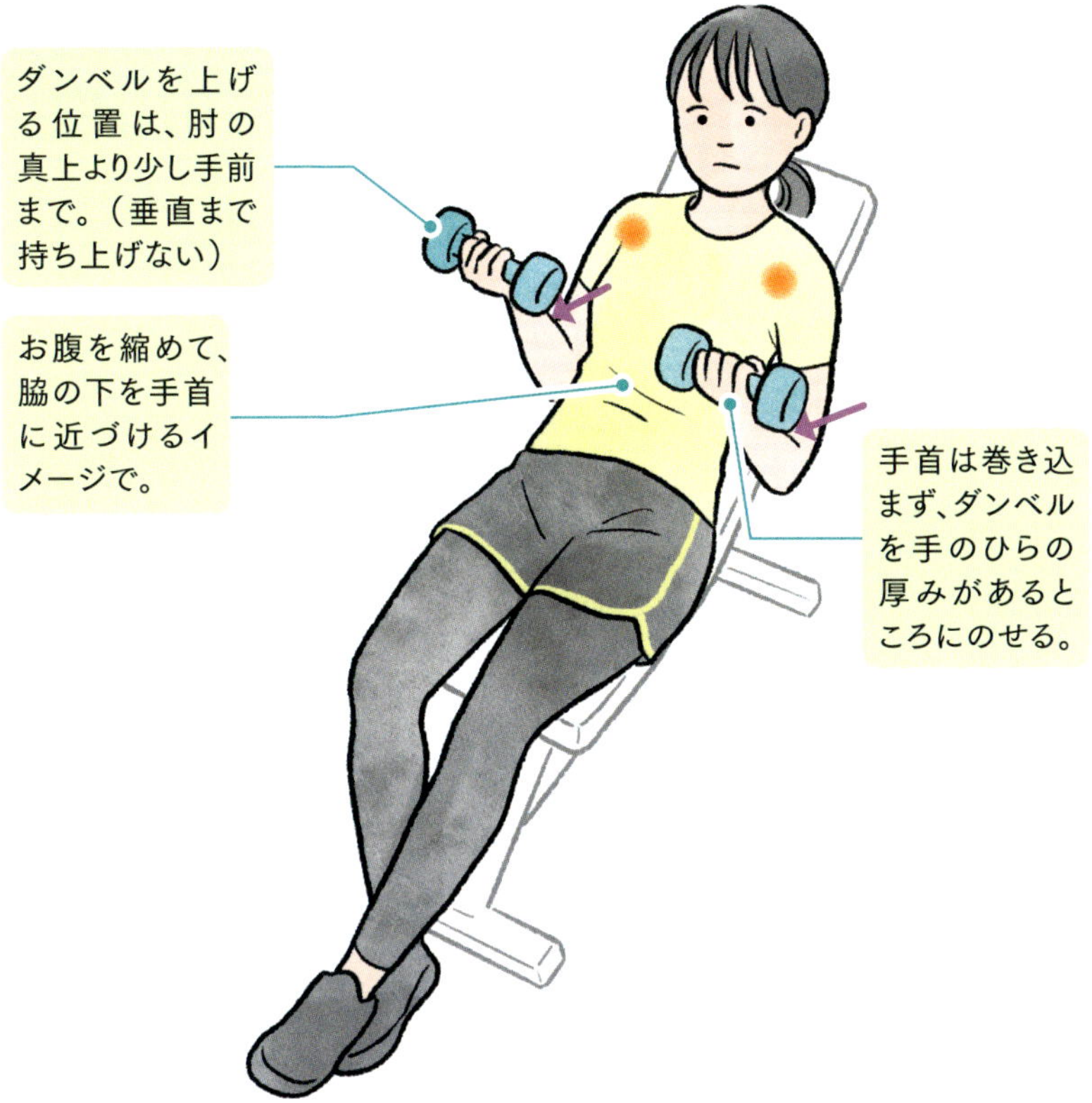
ダンベルを上げる位置は、肘の真上より少し手前まで。（垂直まで持ち上げない）
お腹を縮めて、脇の下を手首に近づけるイメージで。
手首は巻き込まず、ダンベルを手のひらの厚みがあるところにのせる。

上げるとき

上げ始めに肘の位置を若干前方にスライドさせながら、横にぶれないように前方に上げていく。上体側は、ダンベルを上げるにしたがって、**脇の下を手首に近づけるイメージ**でお腹を縮める。

下げるとき

できるだけ肘の位置を維持しながら、若干、前に差し出すように丁寧に下ろす。

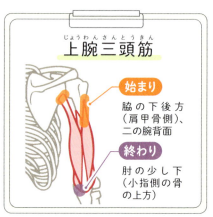

二の腕（後面）

ライイング・トライセプスエクステンション

スタートポジション

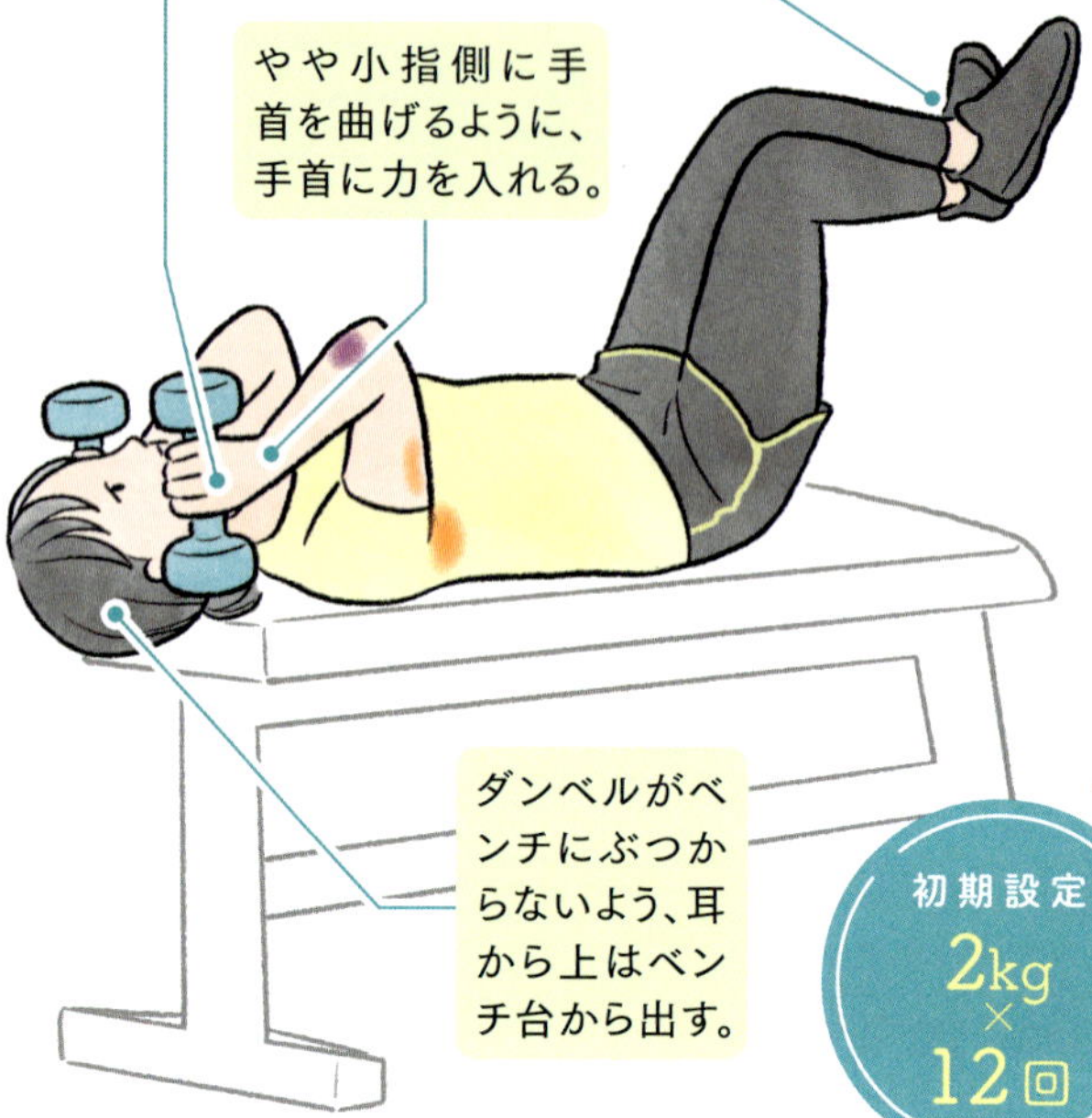
ダンベルを持った手はこめかみの横を目安に下げる。
膝を曲げて脚を上げ、足首を組む。
やや小指側に手首を曲げるように、手首に力を入れる。
ダンベルがベンチにぶつからないよう、耳から上はベンチ台から出す。

初期設定
2kg×12回

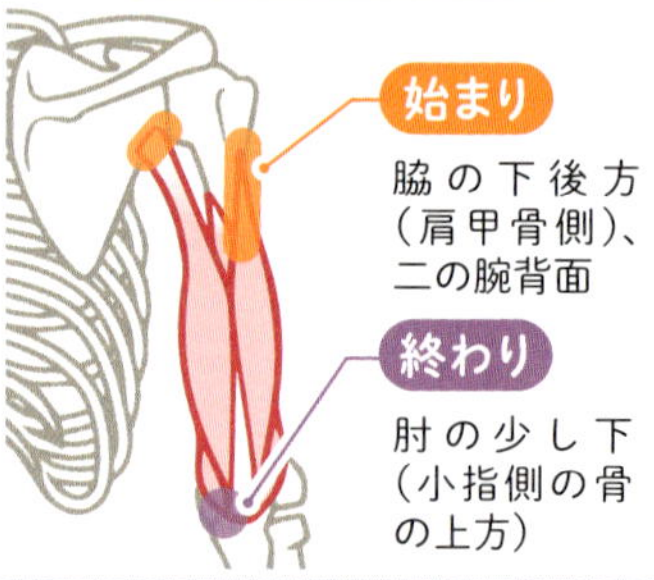
上腕三頭筋《じょうわんさんとうきん》
始まり
脇の下後方（肩甲骨側）、二の腕背面
終わり
肘の少し下（小指側の骨の上方）
この筋肉が落ちると、二の腕の裏側にある脂肪が肘のほうに下がって、メリハリのない腕になります。また、肘を曲げてものを持ち上げる動作に比べて、負荷をかけて肘を伸ばす動作は生活の中に少ないため、三頭筋を意識的に鍛えていかないと腕

フィニッシュポジション

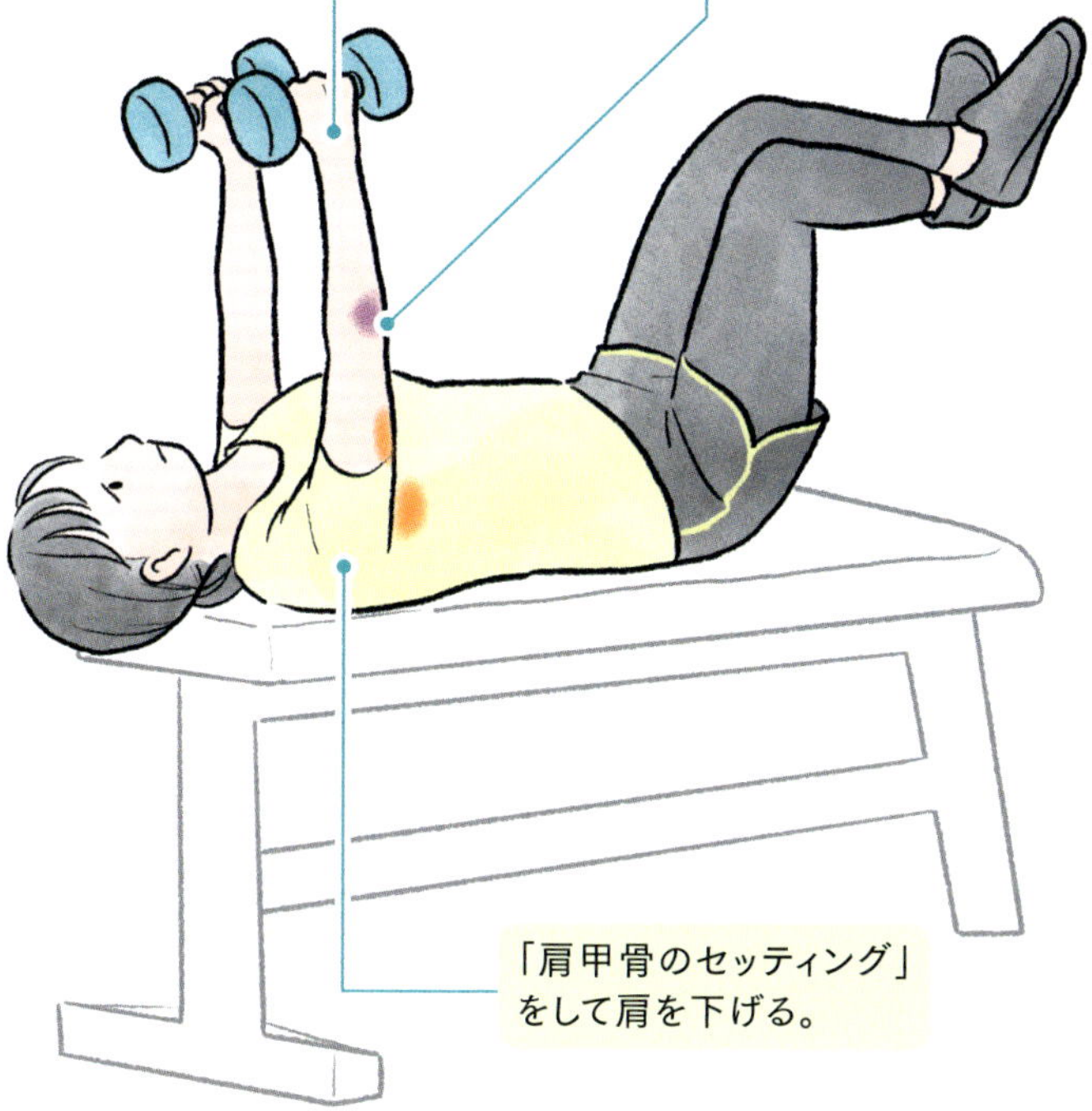
やや親指側に手首を曲げるように、手首に力を入れる。
肘は肩の真上。
「肩甲骨のセッティング」をして肩を下げる。

の筋肉がアンバランスになります。肘や肩などの不具合を避けるためにも、鍛えてみましょう。

上げるとき

小指側のダンベルの端で**天井にスタンプを押すようなイメージ**で肘を伸ばす。

下げるとき

二の腕の裏側に重さを感じながら、丁寧に下ろす。

バスタオル腹筋エクササイズ

初期設定
腹直筋と外腹斜筋の左右を1セットで
3回～5回

1 バスタオルを背中に敷き、端を両手で持つ。

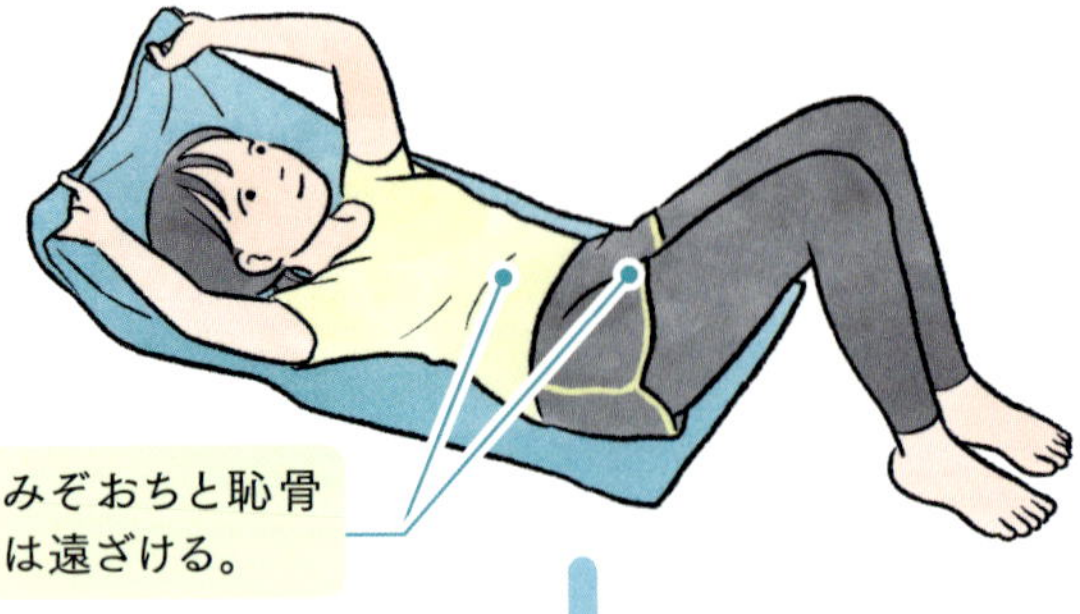
みぞおちと恥骨は遠ざける。

2 タオルごと上体を起こして背中を丸める。

外腹斜筋《がいふくしゃきん》

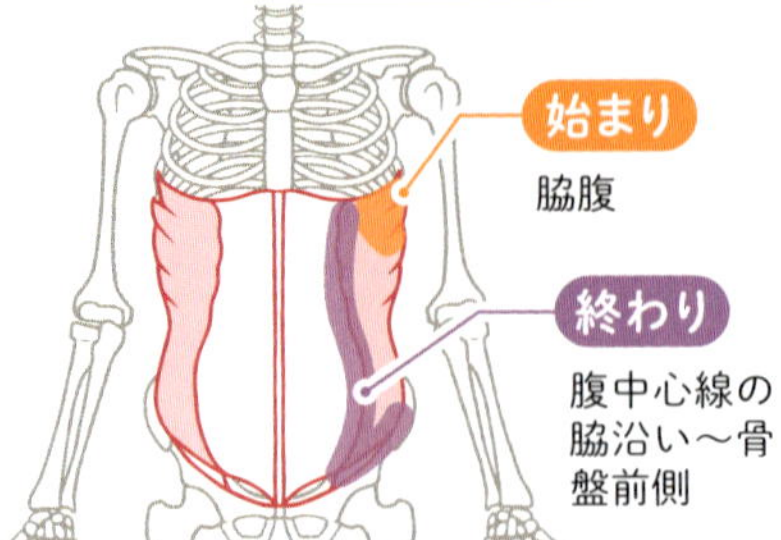
始まり
脇腹
終わり
腹中心線の脇沿い～骨盤前側

腹直筋《ふくちょくきん》

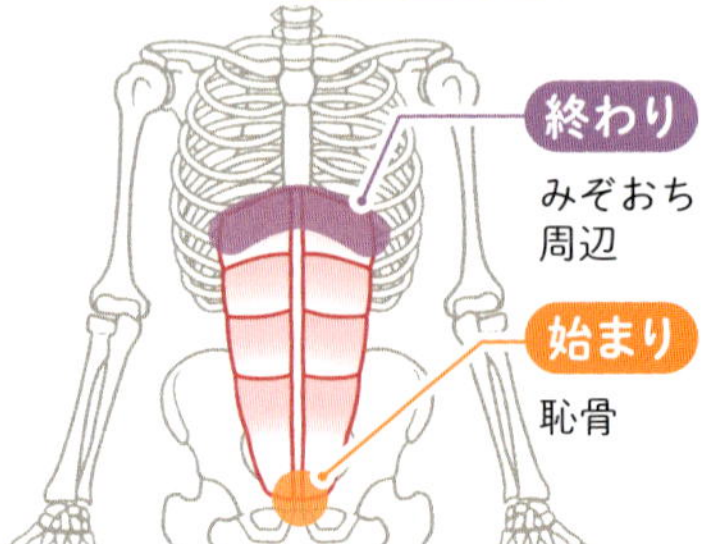
終わり
みぞおち周辺
始まり
恥骨

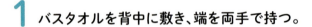

4 顎を上げたまま、腹筋の始まりと終わりを思い切り2秒近づけ、ゆっくり1に戻る。

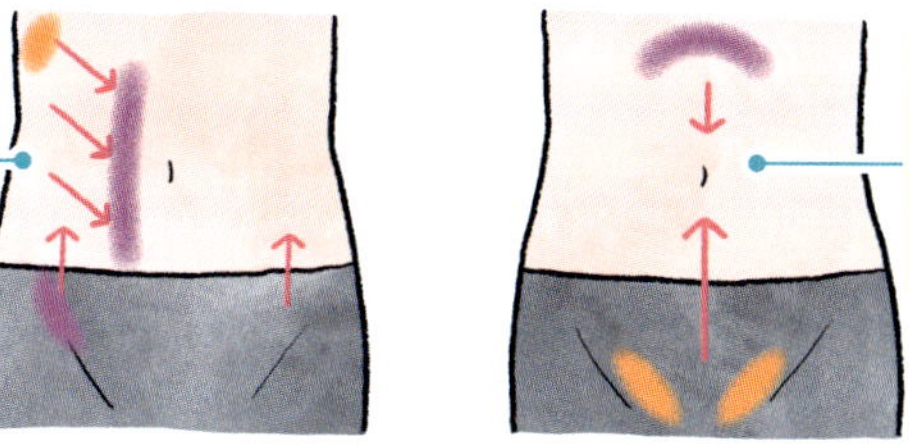
外腹斜筋なら、脇腹をへそに近づけるイメージ。
腹直筋なら、みぞおちと恥骨の距離を縮めるイメージ。

3 上体を起こしたまま、顎を上げて天井を見る。

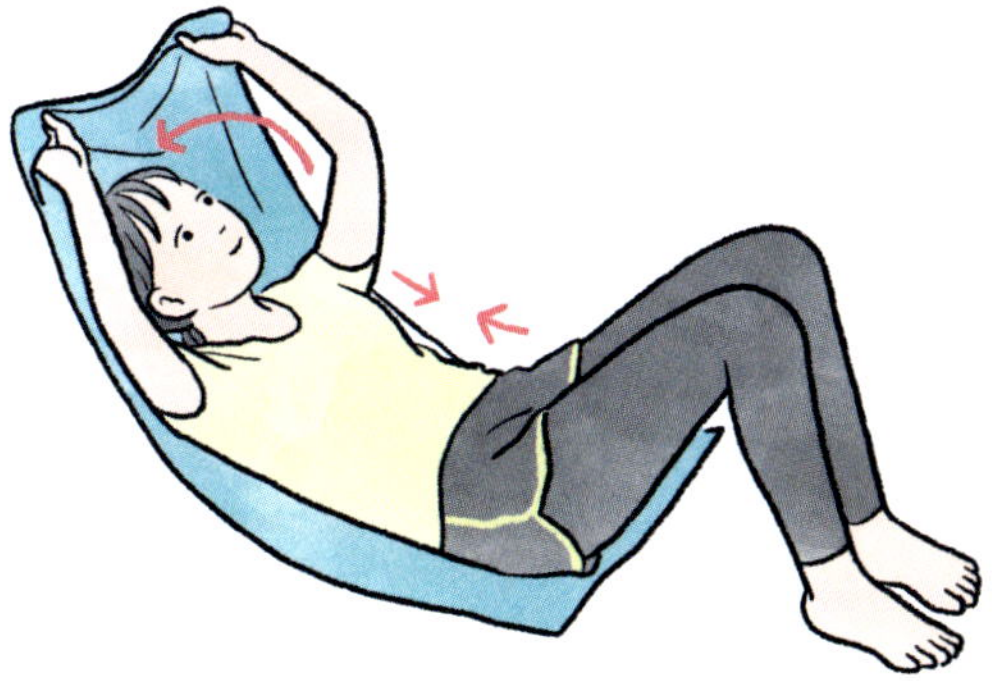

表側から順に「腹直筋」「外腹斜筋」「内腹斜筋《ないふくしゃきん》」「腹横筋《ふくおうきん》」の4層で構成される腹筋。

表側は主に胴体を丸める・ひねるなどの動きを担当し、奥側は大きな力を出すときに腹圧を高めて身体を守るほか、姿勢などにもかかわります。

奥側の「腹横筋」や「内腹斜筋」は、腹筋以外のトレーニング時でも、高重量を正しいフォームで扱うと強く働きます。そこで、表側の「腹直筋」と「外腹斜筋」については、自重エクササイズで鍛えてみましょう。

これで安心！

スクワットをやるときのポイント

ポイント 1 バーベルの高さ、持つ位置を確認！

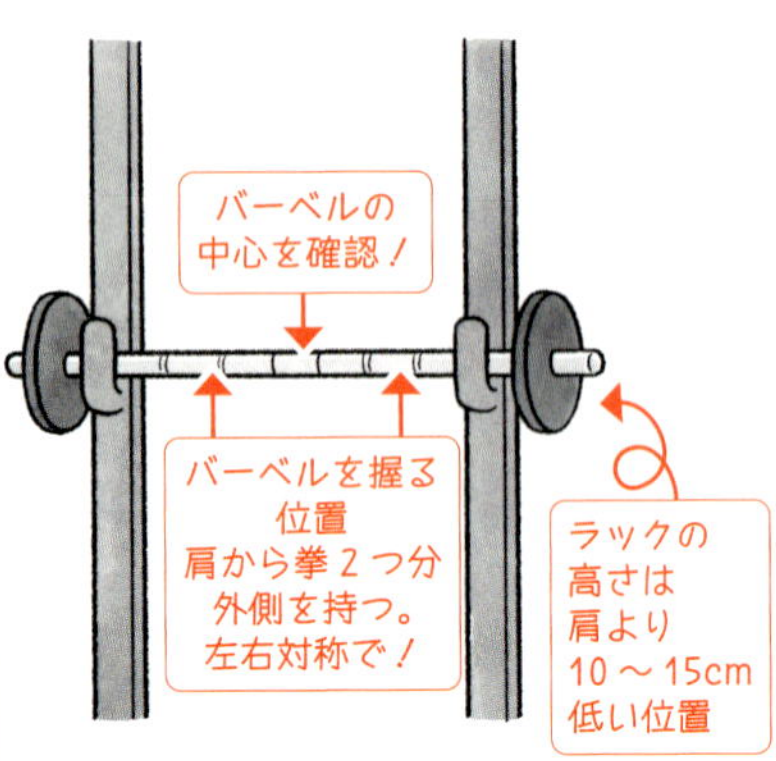

バーベルの中心を確認！
バーベルを握る位置
肩から拳２つ分外側を持つ。左右対称で！
ラックの高さは肩より10～15cm低い位置

ポイント 2 かつぐ位置を確認してからラックアウト！

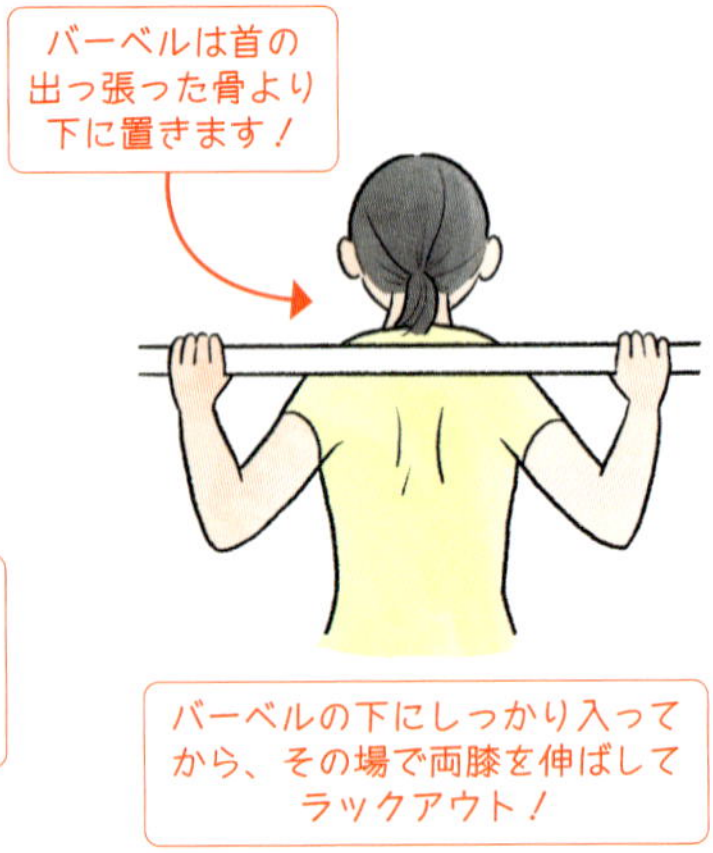

バーベルは首の出っ張った骨より下に置きます！
バーベルの下にしっかり入ってから、その場で両膝を伸ばしてラックアウト！

ポイント 3 ラックマシンの中央まで下がって開始する！

ゆっくりラックの中央まで下がって……
ここがトレーニング位置

ポイント 4 バーベルは“ラックに押し当てて下ろす”！

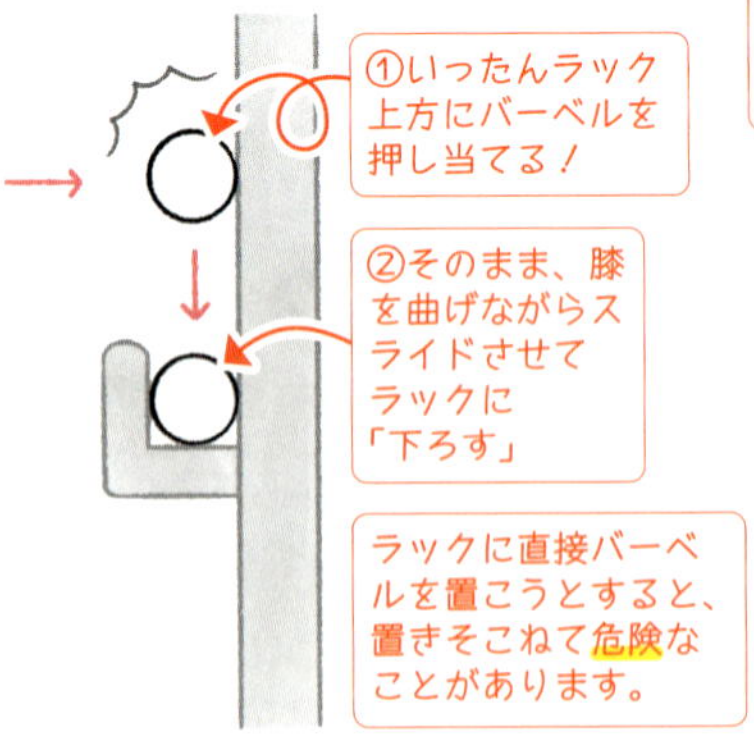

①いったんラック上方にバーベルを押し当てる！
②そのまま、膝を曲げながらスライドさせてラックに「下ろす」
ラックに直接バーベルを置こうとすると、置きそこねて危険なことがあります。

第4章

こんなときどうする?

筋トレの気になるQ&A

Q1 この本に書かれた種目のみ、やればOKですか？

この本に掲載した種目をすべてやれば、全身の各筋肉をほぼまんべんなく鍛えられるように種目を選びました。

種目を増やしたり変えたりしなくても、**正しくトレーニングを進めて少しずつ重量を増やせるようになれば、効果が身体の見た目などにも現れてきます。**まずはこれらの種目に限定して、正しいフォームでできるように練習していくことをおすすめします。

私がトレーニング初心者の方々に教える場合でも、まずは全身を鍛えられるように各部位1〜2種目を選んで、その種目を覚えてもらうようにしています。そして、それらがおよそ確実にできるようになってきてから、新しい種目を追加しています。

本書は「初心者の方が、より効率よくトレーニングを覚えて、全身バランスよくトレーニングを進められるようになる」ことや「この本の種目を確実にできるようになれば、身体の変化を感じられる」ことを期待して書きました。

もしもトレーニングにさらに興味が出てきて、「トレーニングの上級者を目指してみたい！」という目標に変化してきたら、さらに多くの種目を習得していくといいでしょう（フォームを習得したトレーニング種目が多ければ、各部位をさまざまな刺激で鍛えることが可能になり、よりトレーニングの効率が上がります）。

トレーニングで確実に効かせられるようになると、目的とする筋肉が反応して、トレーニング後に筋肉が充血して少し張る感じがしてきます。

一カ月以上続けてみても目的とする部分に効いた感じが出ず、他の部分ばかり疲れるようであれば、フォームや姿勢に問題があるかもしれません。第2章、第3章を改めて読んでみたり、トレーナーさんに聞いてみたりしてください。

いずれにせよ、**はじめから多くの種目を覚えようとする必要はありません。**

各部位に対して確実に正しいフォームで鍛えられる種目をつくっていくことが大事ですから、この本に書かれた種目の習得を、まずは目指してみてください。

Q2

この本に掲載された種目はすべてやらないといけないですか？

全部やるのは大変そう……という方は、まずは3種目から始めてみましょう！

50代から女性が本格的にウエイトトレーニングを始める、その目的として大事なのは、**「筋力アップ（維持）」「骨を強く保つ」**、そして**「メリハリのある若々しい身体を保つ」**ことだと思います。そのため、全身を鍛えられるように、部位ごとに種目を選択しました。

ただし、「紹介されている全部をやるのは大変そう！　せめて3種目に限定してもらえれば、続けていけそうなんだけど……」という方がいれば、

①デッドリフト（76ページ）　または　スクワット（92ページ）

②インクラインダンベルプレス（80ページ）

③ラットプルダウン（84ページ） または シーテッド・ロウイング（88ページ）の3つをおすすめします。

これらの種目だけにしぼっても、フォームをしっかり覚えて、重い重量もかけながらセット数をこなせるようになれば、**身体づくりのためのウエイトトレーニングとしては十分**です。これに加えて、ウォーミングアップエクササイズや自重でのかかとの上げ下げ（カーフレイズ）もできれば、バランスよく筋力がつきます。

歳をとってもスポーツを楽しめる身体を維持できるでしょうし、見た目の若々しさは、トレーニングをしていない人と比べると、ご自分でわかるくらいに差が出ますよ。

ちなみに、覚えた数種目だけを数年続けてきた方が、「さらにいろいろなトレーニングを覚えてみたい！」ということで、私のもとを訪れることが多々あります。トレーニングを続けてきたことで、同年代の人と比べると身体が違ってきていることを認識されて、さらにトレーニングに興味を持たれる方が多いのです。

全部やらなきゃ……と思うと、はじめはなかなか続かないでしょう。まずは限定して3種目から、始めてみてはいかがですか？

Q3

スタジオでエクササイズをしていますが、筋トレも必要ですか？

スタジオエクササイズでも自重での筋トレ要素が入る場合もありますが、自分に合った負荷で各部位を個別に鍛える筋トレと、同様の効果を得られるわけではありません。

「ウォーキングやジョギング、エアロビクス等の有酸素運動」「ストレッチ」「ジムエリアでの筋力トレーニング」。運動の種類によってそれぞれの特性があり、効果は異なります。

「有酸素運動」は、主に心臓や肺の機能を高めるなど、内科的な意味での老化予防に効果を発揮しますし、「ストレッチ」は関節の可動域が狭まることで起きやすくなる怪我の予防や、筋肉の硬さがあることで出る痛みの予防や改善に役立ちます。そして「筋力トレーニング」は、筋肉を形づくったり、筋力を高めたりすることに特化しています。

スタジオレッスンの中でもエアロビクス系のエクササイズには、自重での筋力トレーニングも含むことがほとんどです。健康づくりの観点からは、それをやっていれば十分と言ってもいいかもしれません。

ただし、**「もともと筋トレをやっていたが、筋トレを含むスタジオレッスンのみに切り替えたら、体組成計の筋肉量が歳をとるごとに低下し、とくに脚の衰えを感じたので、種目をしぼって筋トレを再開した」**という話も聞きます。

スタジオレッスンを指導しているインストラクターさんたちは、指導している種目とは別に、ダンベルやバーベルを使って自主的な筋力トレーニングをやっていることが多いです。理由はさまざまかとは思いますが、**人の前に立つ、見本となる身体や動きをつくるには、自重のエクササイズだけでは不十分なため**、と考えられます。

筋力トレーニングが必要かどうかは、どんな身体になりたいかとか、どれだけ時間を使えるかなどによって変わるでしょう。ですが、せっかくジムに行って筋力トレーニングに取り組みやすい条件がそろっているのです。**自分のペースで自分の理想の身体をつくり上げることのできる筋力トレーニングに**取り組まずに帰るのは、もったいないと、私は思います。

Q4 トレーニングは毎日やったほうがいいですか？

毎日やると回復が追いつかないことも。自分に合った強めの負荷をかけられるようになったら、休養日を設けましょう！

「日ごろ使う筋力よりも強い負荷を筋肉にかけて、筋力を高めていく」のが筋力トレーニングです。トレーニングで強い負荷がかかりダメージを負った筋肉は、一時的に筋力が低下します。そのため、**かけた負荷強度に合わせた回復期間を設ける必要があります。**適度な休養と栄養をとることによって、前よりも筋力のレベルが上がっていき（超回復といいます）、そのタイミングでまたトレーニングをすることで、少しずつ筋力がアップしていくのです。

とくに、同じ部位を毎日トレーニングしてしまうと、回復が追いつかず、いくらやっても筋力が伸びないことがあります。また、強い負荷でのトレーニングは筋力以外の体力にも影響しますから、計画的にトレーニング日を決めて休養日も設けるようにしていかないと、慢性疲労におちいることもあります。よって、**毎日やることは避けるべき**です。

ただし、その強度や取り組み方によっては毎日やっても構わない場合や、**むしろ毎日やったほうが効果的な場合もあります。**たとえば、非常に軽い負荷でフォーム練習のみする時期であれば、同じ部位の練習を毎日続けても問題ありません。

また、68ページでご紹介したウォーミングアップエクササイズには、簡単な自重の筋トレも含まれています。ジムでのトレーニングを始めるにあたり、このエクササイズを自宅で一通りやってみた人から、「これだけで身体がプルプルして筋肉痛になったのですが、毎日やるのはNGですか?」と質問をされたことがあります。**この程度の強度であれば、本来、毎日やっても当たり前にこなせる体力レベルが理想**です。その方には毎日の習慣にしてもらったところ、一週間で身体が慣れ、生活動作も楽になったとのことでした。

「フレイル」や「ロコモティブ症候群」という言葉がありますが、ウォーミングアップエクササイズレベルの運動がキツい場合は、いずれ日常生活になんらかの影響が出るかもしれません。運動習慣がない方はまずはこうしたエクササイズを毎日やってみてくださいね。

Q5 負荷や上げる回数は、慣れてきたらどう変化させればいいですか？

次の3ステップを参考に、現在の筋力レベルをチェックしましょう。そして、「現在の筋力の限界より少し上」を目指しながら、鍛えましょう！

① 初期設定の負荷で、フォームを崩さずに何回持ち上げられるかを試す。

問題なく12回以上繰り返せるようであれば、もう少し重い負荷を選びます（ダンベル種目→1～2kg重いダンベルへ、バーベル種目→2・5kgプレートを左右に付ける、ケーブル種目→1～2枚の負荷を増やす）。

② 2分ほど休んだあとに、①で新たに選んだ負荷で何回持ち上げられるかを試す。

基本的には、10～12回で限界がくるような負荷が現在の筋力に適した重量なので、それを「メイン重量」とします。もしもさらに負荷を上げても大丈夫そうであれば（または、もう少し下げたほうがよさそうな場合も）、負荷を変更して、自分に最も合った負荷を選びます。

③ メイン重量が決まったら、一つの種目を次のようにやって追い込む。

・ウォーミングアップ…メイン重量よりも軽い負荷×15回。
・1～3セット目…メイン重量をフォームが崩れない限界の回数まで（2セット目・3セット目は、限界の回数が少なくなってもOK）。
・4セット目…10回以上上げられる重量で限界まで。

後日、同じ部位のトレーニング日に負荷を持ち上げてみると、前回よりもメイン重量を上げられる回数が増えていることがあります。その場合は、さらに重い重量で何回上がるかにチャレンジしてみてください。10回上げられなくても8回は上げられるようであれば、その重量でトレーニングしてもまったく問題ありません。

負荷や回数は、種目や目的にもよるのですが、正確なフォームで12回以上上げられるようになったら、怖がらずに次の重さにどんどんチャレンジしましょう！

Q6

「マシンのほうが正しいフォームで運動できて安全」と聞いたのですが……？

トレーニング経験のない方でも、まずはダンベル、バーベルなどを使ったフリーウエイトトレーニングがおすすめです。

トレーニングマシンは、筋肉を鍛えるための正しい軌道を理解していなくても、マシンを押したり引いたりすれば、筋肉が鍛えられるようにつくられています。

マシンのよいところは、誰でもすぐに取り組むことができるところです。また、部位によっては、マシンを選んだほうが効率的にも優れている場合があります。

ただし、軌道が決まっているマシンの場合は、**自分の身体のクセを修正しなくてもトレーニング動作を正しく繰り返しているように見えてしまう**という注意点があるのです。

私がトレーニング経験のない方にトレーニングを教える場合、まずは動かす方向の自由度が高いダンベル・バーベル、背中の場合はケーブルを使った種目を教えます。

自由度が高いことで、**押す力の左右差やどんなブレが出るか**など、身体のクセを確認できるからです。また、負荷を動かす方向を自分で意識するため、**鍛える筋肉をどう収縮すべきか？ などの意識が、トレーニングを始めた早い段階から高まる**のです。関節を安定させるための身体の奥にある筋肉も、より強く働かせられます。

フリーウエイトでのトレーニングができれば、応用を利かせてマシンでも正しいフォームでおこなうことはさほど難しくありません。逆にマシンでトレーニングができるようになっても、フリーウエイトトレーニングを正しいフォームでやるのは難しいでしょう。

本書でも、そうした意味で、初心者には少しハードルが高く感じられるダンベルなどのフリーウエイトをあえて載せました。はじめは必ずブレが出ます。しかし、一つひとつのポイントをおさえてやっていけば、安定したフォームがつくれるようになるまであまり時間はかかりません。ためらわずにチャレンジしてみてください。

筋力を高めるだけでなく、知らぬ間にできてしまった自分のクセやゆがんだ姿勢、できない動きを見つけ、できるように練習していくのも、トレーニングの要素であり利点です。

Q7 ストレッチはトレーニング前・中・後にやったほうがいいですか？

私は前・中・後にストレッチをやることをおすすめしています。

「トレーニング前にストレッチをやると筋出力が減る」という実験報告もありますが、私自身は20代で大きな怪我をしたこともあり、身体のねじれやゆがみを解消するストレッチを丹念におこなってから、トレーニングに入るように心がけてきました。怪我によって関節などに変形がある部位周辺の筋肉は硬くなりやすく、その影響は全身のさまざまな部位に硬さやねじれなどの形で現れるからです。

50歳を過ぎると、怪我の有無にかかわらず筋肉・関節の強ばりが身体に出てきます。そのため、「トレーニング中にどれだけ大きな力を出せるか？」よりも、**関節可動域の制限や左右差をできる限りなくし、トレーニング時に正しいフォームをつくれる状態をいかに**

保てるか？ を優先して考えたほうがよいのです。

「美しい姿勢・体形をつくる」といったトレーニング効果を出すために、そして痛みがある場合にはそれを軽減させるトレーニングをできるように、**少しの時間で構わないのでトレーニング前・インターバル中に、ストレッチをする時間をつくってみましょう。**

一方、トレーニング後のストレッチは、緊張した全身の筋肉をリラックスさせて、疲労物質の除去作用を高めることが主な目的です。トレーニング中にもこまめにストレッチをやっていれば、腰回りを軽くほぐすだけでも大丈夫です。

①トレーニング前・中におすすめのストレッチ方法

「柔軟性を高めたい部位を、いったん収縮させてはゆるめる動作を繰り返す」など、**リズミカルに関節を曲げ伸ばしする方法**がおすすめです。

②トレーニング後におすすめのストレッチ方法

反動を使わず、15〜30秒ストレッチ姿勢を保持します。ゆっくり呼吸をしながらおこなって、筋肉をリラックスさせましょう。トレーニング後だけでなく、身体の強ばりを感じるときや、身体的・精神的リラックスを得たい場合にもおすすめです。

Q8 水泳は水圧があるから筋トレになると考えていいですか？

水圧によって、軽めの筋トレ効果はあります。ただし、骨粗鬆症予防という意味では、あまり期待できません。

泳ぐ動作は肩関節を動かすため、肩周りの不具合の改善に役立ちます。また、水の中を歩くだけでも水圧がかかるため、歩く速度で運動強度の調整ができます。軽めであるとはいえ、**負荷がかかる部分については一種の筋トレ効果ももたらす**と考えてよいでしょう。

ただし、50代以上の女性に重要な「骨粗鬆症の予防」については、水泳では地上での運動に比べてその効果が少なくなってしまいます。地上では、とくに脚の骨や脊柱（背骨）に対し、立っているだけでも重力が大きな刺激となり骨芽細胞を活性化しますが、水中にいる間は浮力が働くため、そうした骨を鍛える負荷が十分かからないためです。

若い頃であれば怪我という怪我もせずに済む「ちょっとよろめいて転んだ」程度の外力であっても、骨粗鬆症が進んでいる場合は、簡単に骨折にいたってしまいます。それが「大腿骨頸部骨折」であれば、最悪の場合寝たきりになるなど、生活のクオリティを大きく下げてしまう可能性も。この大腿骨を強く保つためには、長時間立つ時間をつくるほか、かかとから足をついて大股で歩くような運動や、骨に対して縦方向に大きな負荷をかける動作や状況をつくっていくことが効果的だと言われています。

筋力トレーニングで重い重量を持つこと。それ自体が、重力以上の負荷を脚や脊柱の骨に加えるため、効率よく骨を強く保つことができるのです。

60歳を過ぎてからトレーニングを始め、体重以上の負荷も扱いながら10年以上トレーニングを続けていた女性のお話を紹介します。「足場にして立っていたイスがひっくり返って、全身を打った」と、その年齢であれば骨折をして再起不能になる可能性さえある出来事があったそう。しかし、骨折はなく、怪我は打撲だけ。そういった経験はその方だけではなく、みなさん、「トレーニングのおかげだ」と実感されていました。

水泳に加えてウエイトトレーニングをやると、水泳に足りないものを補うことができて、「鬼に金棒」になるかもしれませんね。

Q9 関節に痛みがあるときはどうしたらいいですか？

痛みの原因が関節の強ばりや左右差の場合、トレーニングやストレッチで改善することが意外と多いです。

※「転んだときに膝をひねってしまった」など、明らかに関節に大きな力が加わったことによる痛みや、「以前から違和感があって、動かしていたら徐々に痛みが強くなってきた」といった場合は、まずは必ず医師や専門家に診てもらい、適切な処置やアドバイスを受けてください。

とくにこれといった原因がない関節痛の場合について、お話しします。私のところにトレーニングを習いに来ている方も、「実は今日、関節に痛みがあるのですが」と不安そうにおっしゃることがあります。

そんなときは、痛みの出た関節をゆっくり動かし、ほぐしてからトレーニング動作をしてみると、痛みを感じずにトレーニング動作ができることがほとんどです。

そしてそのままいつもの通りにトレーニングをされて、「むしろ調子がよくなった」と、自信をつけて帰宅されます。**強ばりや左右差が痛みの原因の場合、トレーニングやストレッチをすることで改善することが意外と多いのです。**

関節痛があると、動かしたらさらに痛くなるだろうと考え、できるだけ安静を保とうとしてしまいがちです。短期間休むことで痛みがなくなり、トレーニングを再開できるのであれば、休むべきだと私も思います。

ただ、**怖がりすぎてあまりに長期間動かさずにいると、筋力の低下が進みます。**逆にそれが身体のゆがみや痛みの原因をつくり出すという事実も、意識していただきたいです。

関節に痛みがあるときは、まずは動きのあるストレッチをゆっくりおこない、少しずつ可動域を広げていくことがおすすめです。痛みが軽減、あるいはほとんど解消して問題なく動かせるようになったら、各種目のスタートポジションからフィニッシュポジションまでの動きを、フォームのポイントをしっかりおさえながら丁寧に動かしていきます。そのときに痛みが出ないようであれば、そのままトレーニングを普段通りやってみてください。

ただし、フォームにクセがあることが痛みの原因となっている場合もあるため、トレーナーさんにフォームの改善点を見てもらう機会をつくることも検討してください。

Q10 身体が重だるいときは休んだほうがいいですか？

更年期の不定愁訴ならば、「1種目だけでもやってみよう」と、気分転換のつもりでトレーニングに行ってみてほしいです。

身体に重だるさを感じるのには、さまざまな原因があります。たとえば身体を使いすぎている状況であれば、全体的な運動量を減らす必要も出てきます。

また、重だるさに加えて胸や背中や奥歯などに圧迫されるような違和感が出る場合などについては、まず医師に相談して、検査で異常がないかを調べる必要があります。

ここでお伝えしたいのは、検査をしてもとくに病気の所見はなく、これといった原因が見つからない、**いわゆる〝不定愁訴〟と呼ばれる重だるさ**の場合です。

若いときなら、一日休んでのんびり過ごせば治ってしまったはずの重だるさ。更年期になると、一日ゴロゴロ横になっていても改善されないことがありますよね。

数日休めば元気になって頑張れそうなら、休んでみましょう。でも、もしいくら休んでみても重だるさが続くようであれば、**「1種目だけでもやってみよう」と、あまり深く考えずに、気分転換のつもりでトレーニングに行ってみてください。**

更年期の場合、重だるさがあったとしても**ジムに出向いて身体を動かしてみる習慣は続けたほうがよいと、私の経験から断言します。**更年期明けに若さのレベルに差が出て、それがさまざまな意欲の差につながっていくからです。

トレーニングしてみると、家で身体の重だるさと向き合っているよりも、気持ちがポジティブに働いてくると思います。場合によっては、身体が軽くなってくるかもしれません。

ただしこのとき、**もし調子が上がってきたとしても、意気込みすぎないことも大事**です。更年期特有の重だるさは自律神経の不調が原因の場合が多く、交感神経が優位に働いて気持ちが高揚しすぎると、「もっとやれる」とやりすぎてしまうのです。ここでやりすぎればそのあとに強い疲労感が出て、さらにリズムを崩してしまうことがあります。

ストレッチであれば長めにやってもOKですが、**トレーニングにかける時間はいつもより短めに設定し、それを超えないようにしてくださいね。**

Q 11

筋肉痛があるときは休んだほうがいいですか？

その部位を2〜3日休ませていれば、筋肉痛が多少残っていても、トレーニングをしてOKです。

トレーニング後に適度な休養と栄養をとることで、筋肉は回復します。ところが、回復していたとしても、筋肉痛がその時点で残っていることもあるのです。鍛えた部位やトレーニング強度によりますが、基本的には**トレーニングした部位の筋肉を2〜3日休ませていれば、筋肉痛が多少あっても、同部位のトレーニングを再開して問題ありません。**

ただし、筋肉痛は、筋肉の柔軟性を低下させてしまいます。強い筋肉痛のせいで筋肉の動きに制限があり、正しいフォームをつくりづらくなると、それによって関節に負担をかけてしまう場合もあります。そのため、**各種目の前にやる軽い負荷での動きの練習を、い**

つもより十分におこなう必要があります。

慣れてくると、「このくらいの筋肉痛であれば、このくらいのウォーミングアップをすればよいだろう」といった目安がわかってくるのですが、もしも不安ならば思い切って休むか、筋肉痛のない部分だけを鍛える内容に変更してみるとよいでしょう。

トレーニング上級者になると、筋肉に非常に強度な負荷をかけられるようになり、トレーニング部位によっては一週間前後のインターバルが必要になります。この場合でも一週間ずっと休むわけではなく、「月曜：胸と上腕二頭筋、火曜：背中とお腹、水曜日：休み、木曜：肩と上腕三頭筋、金曜日：休み、土曜日：脚」のように、一週間で全身の各部位を順番に鍛えます。

一方、Q4でも書きましたが、運動習慣のない人は、**ウォーミングアップ程度の簡単な運動だけでも筋肉痛になってしまうことがあります。**この場合は2〜3日のインターバル自体も基本的には必要なく、**毎日の日課としたほうが体力レベルが上昇します。**

筋肉痛に神経質になりすぎる必要はありません。決めた曜日にトレーニングを続けていくほうが、トレーニング効果が出やすいと考えましょう。

Q12

夕方以降にトレーニングしたほうが効果が高いって本当ですか？

トレーニングで大事なのは「長く続けていくこと」。「この時間帯がよい」と聞いてそれに合わせるよりも、トレーニングを続けていけそうな時間帯を選ぶほうが大事です！

トレーニングに適した時間帯については、交感神経や体温などが運動に適した状態になった「午後以降」がよいとする意見や、筋肉の発達に大きく関係する成長ホルモンの分泌が入眠直後に最も高まることから、「夕方以降」をすすめる意見もあるようです。私自身も、昔は夕方以降にトレーニングをし、それが自分にとって一番適しているだろうと思っていた時期がありました。

ところが、仕事の都合でトレーニング時間を仕方なく午前中に変更したところ、そのほうが筋肉の反応がよく、終始元気にトレーニングできたのです。同様に、出勤前にトレーニングするようになったら、仕事の効率が上がったといった意見も多く耳にします。

というわけで、**時間にとらわれすぎず、自分に合った時間帯で続ける**ことをおすすめします。

とはいえ、いくつか考慮していただきたいポイントもあります。

まずは就寝時間との関係。トレーニングによって交感神経の働きが高まるため、**トレーニング時間と就寝時間が近すぎると、人によっては眠りが浅くなる**のです。「トレーニングを始めてから寝付きが悪くなった」とか「睡眠をとっても疲れが抜けない」などの不調が出てくる場合は、早めの時間にトレーニングするようにしてみてください。

もう一つは食事の時間との関係です。主食・主菜・副菜をそろえた食事をしっかりとった後の1~2時間は、胃に多くの血液が送り込まれます。トレーニング効果を上げるためには筋肉に十分な血液を送り込む必要がありますから、この時間帯のトレーニングはできるだけ避けたほうがよいでしょう。

私も仕事の関係で、トレーニングの開始時間が食事をとる時間と重なってしまうことがあります。こうした場合は、主食・主菜・副菜をしっかりそろえてとる食事の時間をずらし、トレーニング前は軽食で補う程度にしています。

また、早朝のような完全な空腹状態でのトレーニングは、心臓へ大きな負担がかかります。果物や糖質入りのヨーグルトなどを食べてからトレーニングを始め、終えたあとにしっかり朝食をとることがおすすめです。

トレーニング効果には、気持ちの持ち方も大きくかかわります。睡眠や食事の面で身体に負担のかからない時間帯を選択し、**「自分がトレーニングできる時間帯が、今日の自分にとって一番筋肉に効果の出る時間帯だ」**と思いながらトレーニングすることが、最も効果的だと私は思います。

Q13 身体づくりのための食事ってどんな食事ですか？

「〇〇を食べることがおすすめ」……ということはなく、「バランスのよい食事を心がける」、これにつきます。

「たんぱく質は筋肉づくりに必要だ！」とか「この栄養素は〇〇に重要だ！」のように言われると、その食材や栄養素をたくさんとりたくなりますよね。でも、そういった食べ方は結局**「無駄に過剰な栄養素を摂取」することになり、偏りをつくる食べ方**になります。

身体に必要な栄養素や機能性成分は、「炭水化物」「たんぱく質」「脂質」の三大栄養素、「ビタミン」「ミネラル」の微量栄養素、消化酵素で消化できない成分である「食物繊維」、植物の苦みや香り・色素などに多く含まれる成分「フィトケミカル」です。

ご飯・パン・麺類などの主食からは主に炭水化物、肉・魚・卵・大豆製品などの主菜からは主にたんぱく質と脂質、野菜・きのこ・海藻類を使った副菜からは主に食物繊維とフィトケミカル類を摂取できます。ビタミン・ミネラルは、主食・主菜・副菜、それぞれに違った種類のものが含まれています。

そのため、ありきたりに聞こえるかもしれませんが、**「三食とも主食・主菜・副菜をそろえた食べ方をする」、これがバランスのよい食事の基本**です。とくに副菜を食べる習慣や、嗜好品については制限をかける習慣が大事です。

健康的な身体づくりをしていくために適した炭水化物・たんぱく質・脂質の割合や量などを統計で示したデータをもとに、理想的な一日の摂取量をご紹介します。

「バランスのいい食事」とは?

▼栄養素の種類

五大栄養素	三大栄養素	炭水化物、たんぱく質、脂質
	微量栄養素	ビタミン、ミネラル
6番目の栄養素		食物繊維
非栄養素系食品因子		フィトケミカル(植物性化学物質)

▼食事でのとり方

主食	主菜	副菜
主に炭水化物	主にたんぱく質、脂質	主に食物繊維、フィトケミカル
エネルギーの摂取	エネルギー、身体の構成成分の摂取	身体が本来持つさまざまな機能の調整など

※主食・主菜・副菜をそろえることで微量栄養素の摂取バランスも整う

糖質（炭水化物）については、減量している・していないにかかわらず、基本的には総カロリーの50～60％の摂取が、筋肉量を増やして代謝を上げていくためにも、健康的な生活を送るためにも、適した量です。減量中でも、おにぎり1個程度の主食を一日3回食べるのが基本になるということです。

糖質は、その種類によって働きが変わってきます。主に主食となる穀類からの摂取を7割と考えて、お菓子やジュース、果物などを主食代わりにするような食べ方は避けましょう。また精製された白いお米は食物繊維などが不足して吸収されやすい特徴がありますから、玄米や五穀米を混ぜたり、副菜となるものを多めにとったりする習慣が大事です。

たんぱく質は、一日に体重1kgあたり1gで十分で、多くても体重1kgあたり1・5gまでが目安。**主食もしっかりとれているようであれば、一食あたり肉や魚を一切れ程度（100g以下の量）で十分です。**サプリメントを追加する必要はありません。

脂質については、**不足しがちなn-3系脂肪酸を多く含むもの（魚介類や亜麻仁油、エゴマ油など）を積極的にとり、肉の脂や揚げ物を頻繁に摂取する習慣を避ける**だけで、おおよそ適正量に近づきます。

主食・主菜・副菜を、どのくらいずつ食べるかを決めて、習慣づけていくことができれば、身体づくりのための食事は難しいものではありません。

Q14 身体づくりにプロテインサプリメントの摂取は必須ですか？

食事で主食・主菜・副菜を3食きちんと食べる習慣があり、主菜を一食あたり肉であれば100g程度とれていれば、基本的には必要ありません。

たんぱく質の一日の必要量は、30分ジョギングしたとしても増えはしません。私自身は現在もかなりハードにトレーニングする日がありますが、**とくにプロテインサプリメントの摂取はしていません。**直後に主食・主菜・副菜のそろったありきたりな食事をとれる状況を、お弁当を持参するなどしてつくります。

トレーニング後に食事をとれず補食で済ませる場合は、炭水化物中心の軽食を選びます。普段の食事の主菜で一食あたり130〜150g（肉の場合）摂取しており、その食事だけでたんぱく質は体重1kgあたり2gと、やや多めに摂取できているからです。筋肉の合成にはインスリンというホルモンが重要なため、**トレーニング後はたんぱく質を摂取しな**

くても、糖質をとれば基本的には十分という考えに基づいています。

「トレーニング後の数時間、食事がとれない」といった状況であれば、プロテインサプリメントの利用は手軽でよいでしょう。ただし、**せっかくプロテインサプリメントをとるのであれば、それを合成するためのインスリンの分泌を促すことも大事**です。オレンジジュースで割ったり、おにぎりを一緒に食べたりすると、摂取の効果が上がるでしょう。

むやみにプロテインサプリメントだけをとることはおすすめできません。たんぱく質の必要量はそれほど多くありませんから、腎臓機能などに負担をかけながら、過剰に摂取したたんぱく質を身体の外に排出する作業を身体に強いることになります。

ちなみに、試しにプロテインサプリメントをとった場合ととらない場合を、一年を通して比べてみたことがあります。**とらないからといって筋肉の量が落ちたこともありませんし、とったところで筋量がさらに増えるなどのよい変化も起こりませんでした。**

サプリメントはあくまでもサプリメントの役目としてとって、必要のないときにはとらないようにすることが、身体づくりのためには大事なことのような気がします。

Q15

ダイエットのためには、やっぱり糖質は抜くべきですか？

繰り返しになりますが、バランスのよい食事が一番。糖質を抜く方法は、おすすめしません。

糖質の大きな役割としてまず挙げられるのが「エネルギー源」。脂質も非常に大きなエネルギー源ですが、糖質のような即効性はありません。また、脳のエネルギー源はブドウ糖という糖質のみです。

そしてもう一つの大きな役割が「合成」。血糖値を上げることで膵臓からインスリンを分泌させ、血液中の糖質を筋肉や脳や肝臓にエネルギー源として蓄えます。身体を構成する成分である、たんぱく質や脂肪の合成にもかかわっています。

単純に「痩せる」と考えると、「合成させなければいい」のですから、糖質をとらなければ合成のしくみが働かなくなり、痩せ細っていくことになります。でも、この「合成」という働きをできるだけさせないようにして痩せ細ることが、健康的な食べ方なのでしょうか？ 身体の構成成分であるたんぱく質や脂質をスムーズに合成できるしくみがあるからこそ、筋肉も、髪の毛も、皮膚も、骨も、細胞膜や神経細胞も、正常につくられ、そして正常に機能するのです。

糖質にはこうした重要な役割があるため、糖質が不足しているときには、身体はたんぱく質を代わりに使って糖をつくり出します。そのため、糖質を抜き、その分たんぱく質を多くとれば、血糖値は上がらないので合成を控えられるし、ダイエットにも効果的なのではないか？ という論議もされ続けています。

でもここで考えてほしいのは、厚生労働省が定めた、糖質、たんぱく質、脂質の摂取バランスの基準である**「エネルギー産生栄養素バランス」**です。健康づくりを目的とした場合、**50代女性ならば、たんぱく質：14〜20％、脂質：20〜30％、炭水化物：50〜65％という比率が適正**とされています。摂取エネルギーの半分以上を糖質でとる食べ方が、最も病気の罹患率が低く、肥満症の人も少ない理想的な食べ方だということが統計的に出ているのです。

そして大事な点は、糖質を抜かなければ減量はできないのか？　ということです。

Q13でお答えしたように、**糖質も含めてバランスよく食事を摂取しながら筋トレを続けていくことで筋肉量を増やすことができ、それによって代謝が上がり、体脂肪も落ちやすい体質になっていくのです。**

とは言え、主食の代わりに嗜好品から糖質をとることや、穀類であってもさまざまな栄養素を排除した「精製された白いご飯や白いパン」などを単体で摂取するようなことは避けるべきです。そして、主食を抜いてバランスを崩すのではなく、無駄なものを摂取しないようにしてバランスのよい食べ方をし、筋肉量を増やして痩せやすい身体づくりをすることが大事なのです。

Q16 ダイエットのために脂質はなるべくカットしていますが、いいですよね？

脂肪は、意識してとる脂肪と控える脂肪を区別して摂取しましょう！

「脂肪」と言われてまず頭に浮かぶのが、お腹周りを見て気になる「皮下脂肪」。そして血液検査をすれば「コレステロール値」「中性脂肪の値」にヒヤヒヤさせられますね。そのため悪いイメージばかりが頭に浮かんでしまい、「油脂を一切とらなければ、体脂肪も減って健康的になるのではないか？」と考えてしまいがちです。

ですが本来、**脂肪は血管や生体膜などを構成する重要な栄養素**なのです。ダイエットに関係の深い代謝や、筋肉の発達にも大きくかかわっています。

脂肪は、さまざまな種類の脂肪酸という分子の集まりでできています。脂肪酸は種類ごとに性質も働きも異なりますから、それぞれの脂肪酸がどのくらいの割合で含まれるかで、脂肪自体の性質や働きも変わってきます。「脂肪は脂肪」とひとくくりに考えて**安易にすべての脂肪を控えてしまうと、代謝の低下や老化の原因にもなります。**

脂肪酸の分類は大きく分けて、飽和脂肪酸、一価不飽和脂肪酸、n-6系多価不飽和脂肪酸、n-3系多価不飽和脂肪酸の四つ。すべての人の身体に必要な脂肪酸で、過不足のない食べ方をするのが理想です。

ところが、食べ方に気を付けていないと過剰にとりがちなものと不足しがちなものがあります。また、加工油脂には「トランス型脂肪酸」という、人の身体をつくる脂肪酸と構造が異なる脂肪酸が含まれます。こうした脂肪も、食べ方に注意が必要です。

一般的にとりすぎになり、肥満やさまざまな病気を引き起こす原因となるのが、肉や乳製品などに多く含まれる**「飽和脂肪酸」**。常温で固まる脂肪は、食べる量に制限をつくるべきです。また、食用油のほとんどに含まれる、リノール酸などの**「n-6系多価不飽和脂肪酸」**も過剰摂取しやすく、身体にさまざまなトラブルをもたらす脂肪酸です。揚げ物など、少量でも食用油を多く含む料理は控えめにしましょう。

日持ちや使いやすさ、食感へのこだわりなどを追求して人工的につくられた加工油脂（ショートニングなど）は、国内で販売されている商品にも広く利用される脂肪です。摂取自体に神経質になりすぎる必要はありませんが、**本来は身体に必要のない脂肪酸**を含みますから、**過剰摂取となれば問題**です。手軽に食べられるからと、食事すべてを栄養補助食品やスナック類で済ませる習慣や、トランス型脂肪酸を含む嗜好品のとりすぎは禁物。

食事はできるだけ自然の食品からとる習慣を心がけ、**こうした脂肪の摂取を最低限にする意識が大切**です。

さて、ここまでは控えたい脂肪をあげましたが、意識してとりたい脂肪もあります。オレイン酸に代表的にされる**「一価不飽和脂肪酸」**は、肉類やナッツ類、オリーブ油などに多く含まれ、酸化しづらいのが特徴です。極端な減量さえしなければ不足することはほとんどありませんが、オリーブ油やナッツ類については、積極的に摂取する人のほうが病気が少ないという報告もあります。

また、**「n－3系多価不飽和脂肪酸」**は、身体の組織膜や神経細胞の一部を構成するなど、健康で若々しい身体を維持するための大きな役割を持っています。ところが酸化しやすく、一般的な食用油のように大量生産するには不向き。そのため積極的に摂取することを心がけていないと、不足します。

必須脂肪酸のα-リノレン酸を多く含むエゴマ油や亜麻仁油のような油の利用や、EPAやDHAを多く含む魚介類を毎日食べる習慣などで、不足を防ぐことができます。

控えたい脂肪

飽和脂肪酸	過剰摂取すると悪玉コレステロールが上昇し、動脈硬化の進行や肥満症などさまざまな慢性疾患の原因となる。 例 肉・乳製品などの動物性脂肪、ココナッツ油など
多価不飽和脂肪酸（n-6）	過剰摂取は肥満をもたらすうえ、アレルギー症状や関節痛、循環器系などのトラブルを引き起こす原因にも。 例 揚げ物などに使われる一般的な植物油
トランス型脂肪酸	人工的に構造を変えた、天然には本来存在しない形の脂肪酸。過剰摂取によって身体の正常な機能を妨げる可能性がある。 例 加工油脂（ショートニングなど）

意識してとりたい脂肪

一価不飽和脂肪酸（n-9）	他の不飽和脂肪酸に比べて酸化しにくく、有害な過酸化脂質をつくりづらい。悪玉コレステロールを減らす働きも。 例 ナッツ類、オリーブ油など
多価不飽和脂肪酸（n-3）	心臓疾患のリスクやさまざまな炎症の軽減、脳神経系の機能維持や神経伝達にかかわるなど、重要な役割を持つ。 例 魚介類、エゴマ油、亜麻仁油など

Q17 カロリー制限は必要ですよね？

身体づくりをしていくためにはカロリー制限よりも、必要なものをしっかり食べて、身体に無駄なものの摂取や無駄をつくってしまう食べ方を控えることが大事です。

次ページの表は、成人女性の一日のエネルギー消費量について、厚生労働省が「日本人の食事摂取基準」として報告している数値です。あくまでも平均的な体重やエネルギー量から算出した推定値ですが、**成人であれば女性の場合、一日に２０００キロカロリー程度の摂取が望ましい**とされています。トレーニングで筋肉量を増やしていくのであれば、最低でもこの程度の摂取カロリーは維持すべきと考えましょう。

減量のために食事量を減らす場合はどうでしょうか？　この推定エネルギー必要量よりも、かなり低い摂取カロリーまで食事量を減らしても、体脂肪が減らない、またはむしろ

推定エネルギー必要量（kcal/日）

年齢	女性		
	身体活動レベル		
	低い	普通	高い
18～29（歳）	1700	1950	2250
30～49（歳）	1750	2050	2350
50～64（歳）	1700	1950	2250

厚生労働省「日本人の食事摂取基準（2025年版）」より

増えてしまう症例を見かけます。「痩せたいから」と、栄養バランスを考えずにカロリー制限だけを考えて減量をした経験のある人に多いパターンです。

一方で、カロリー自体は同じでも、野菜やきのこ、海藻類などの副菜を十分とりながら主食もしっかり食べるとか、就寝の最低3時間前までに食事を済ませるなど、**食べ方の変化で体脂肪が落ちることがあります。**アイスクリームを食べるためにご飯を減らしていた人に、アイスクリームをやめてご飯はきちんと食べるようにさせただけで、一カ月後には体脂肪率が大きく減少し、お腹周りの脂肪も目に見えて減った例もあります。

摂取カロリーを減らしても、身体に必要なものまで減らしてしまえば、栄養バランスが崩れます。それによって代謝が落ち、痩せづらい身体となってしまいます。体脂肪を落とそうと考えるのであれば、たんにカロリーを減らそうと考えるのではなく、**無駄なものの摂取、または無駄をつくってしまう食べ方を避けることがまず大事です。**

無駄なものというのは、まずはお菓子やアルコールなどの嗜好品。栄養素に偏りがあり、人の身体にはまったく必要のない脂肪酸を多く含むものもあります。

嗜好品は気持ちを元気にしてくれる役割がありますから、**食べるのであれば時間帯や量の制限が必要**です。また、本来身体に必要な栄養素であっても、身体が必要としている量以上に摂取すれば、無駄なものの摂取になってしまいます。

身体づくりをしていくためには、カロリー制限を考えるよりも、必要なものをしっかり食べて、身体に無駄なものの摂取や無駄をつくってしまう食べ方を控える。こうした考え方を持つことが大事なのではないかと私は思います。

おわりに
初心者こそ、パワーラックを使ってみてほしい。怖いことは何もありません！

ここまで読んでいただき、ありがとうございました。この本を読んでくださった方は、筋トレ未経験者または初心者の方が多いと思いますが、いかがでしたでしょうか？

トレーニング未経験者や初心者の方々にとっては、ダンベルやバーベルの置いてある「フリーウエイトゾーン」自体が入りづらい場所かもしれません。中でも「パワーラック」は、「いかつい男性専用」のようなイメージを持たれる設備です。

実際に、筋トレを数年続けていらした女性から、「デッドリフトやスクワットは以前からやってみたかったのです。でも、軽い重量での練習しかできない私がパワーラックを使うと迷惑になりそうで、ずっと使えませんでした」と言われたことがあります。

また、クライアントさんとのトレーニング中に「どうしたら、この使い方を教えてもらえるのですか？」と、尋ねられたことも。

そんな、女性が**「本当は使ってみたい」と思いつつも、ハードルが高くて諦めてしまうパワーラック**。これを使わなければならない種目も、あえてこの本には掲載しました。

私のところにトレーニングを習いに来てくださる方々にまず覚えてもらう種目は、デッドリフト。「足首・膝・股関節を曲げて、スネの前にあるバーを持ち上げる」、**この基本動作を、大きな負荷をかけても正しくおこなえるようになることがトレーニングの基本です。**これは、トレーニングを教えるうえでのトラディショナルな考え方です。

デッドリフトは、スポーツ競技で巧みな動作をおこなううえでも、大きな力を怪我なく出すうえでも、とても重要な種目です。そして、年を重ねれば当たり前に弱くなっていく筋力や運動機能の低下抑制のためにも、同じように重要な種目です。

そのため、**60歳を過ぎてからジムデビューをされる女性や、腰の手術をしてボルトがまだ腰に数本入っている高齢の男性にも、この動作の習得から始めてもらっています。**

初めて教わる種目がパワーラックを使う種目だと、「いかつい男性専用」などと感じずに、なんの抵抗もなくラックを使ってくださいます。これ、本当はとても大事なことだと私は思います。

はじめはトレーナーさんの助けを大いに借りてみてください。**パワーラックを当たり前に使えるようになってしまえば、あとは何も怖いことはありません。**

トレーニングエリアは自分の身体を若々しく格好よく変えてくれる、有意義な楽しい場所となってくれるでしょう。

年を重ねると、「あっちが痛い、こっちも痛い」と、つらくてやりたくない動きが増えていくと思います。**そのときに本当の意味で自分を助けてくれるのは、筋肉（筋力）なのです。**

「そのうち」と言っているとと始められません。勇気を出して「今」、トレーニングデビューを果たしてみてはいかがでしょうか？

この本で伝えたかったこと

本格的なウエイトトレーニングの本となれば、「トレーニング初級者から中級者」向けの本はたくさん出ています。また、「筋トレ未経験の方」向けには、家での自重を利用したエクササイズの本や、マシンを使ったトレーニング本なども出ています。

でも、「運動なんてやったこともない私には、さすがにバーベルとかダンベルなんて無理だよなぁ」と、最初から諦めている人に対して、しれっと**「つべこべ言ってないで、バーベル、使ってみましょう。ダンベルの上げ方、覚えましょう。トレーニングの進め方、覚えましょう」**と、本格的なウエイトトレーニングのやり方を語り始める本は見かけない気がします。

でも私は、トレーニングを長年教えてきたなかで、こうしたテキストの必要性を強く感じていました。

とはいうものの、本だと説明には限界があります。トレーニングの基礎的な部分もよくわからない読者に対して、たとえば何百通りもありそうなトレーニング方法について「この場合はこう……」と丁寧に説明しようとすれば、「一体どうすればいいの？」と、混乱を招くだけで終わりそうです。私に本を書くのは無理かな？　と、なかなか手を出せませんでした。

そしてさらなる大きな問題は、「こうすれば痩せられる」のような、だれでも飛びつく内容と違って、ニーズがあると判断してもらえるものか？　ということ。「うちからその本、出しましょう」と、首を縦に振ってくれる出版社は、現れないかもしれないと覚悟していました。

ところがなんと、忙しい仕事の合間をぬってご自身もトレーニングされ、デッドリフトも100kgを引いている女性編集者さんが、私の出したい本の趣旨も把握したうえで手を挙げてくださったのです。こんな適任の方が現れるなんて、なんたる奇跡⁉

私にとっては初めての本の執筆。工事現場にさまざまな機材をそろえはしたものの、どこから手を付けていいのかわからず途方に暮れそうな状況にしばしばおちいりましたが、それを巧みに編集しながら一冊の本に仕上げていってくださいました。

担当してくださった鎌田さんはじめ、この本の出版をご承諾、ご協力くださったかんき出版のみなさん、素晴らしい誌面にまとめてくださったデザイナーさん、イラストレーターさんに、この場を借りて心から感謝申し上げます。

2025年春　西本朱希

【著者紹介】

西本　朱希（にしもと・あき）

◉――プロトレーナー。元アジア＆全日本ボディビル（女子）チャンピオン。

◉――日本女子体育大学卒業後、練馬区地方公務員主事として、健康づくりや介護予防を中心とした運動教室・運動個別相談などを受け持ち、「家で簡単にできる筋トレ教室」などの実技指導・講師を担当。98年にはアジア女子ボディビル選手権大会ヘビー級優勝、99年、04～09年には全日本ボディビル選手権大会女子の部で優勝する。

◉――05年、過去に空手を諦めるきっかけとなった膝の怪我から、ボディビルで優勝するまで自分を立ち直らせてくれた“ウエイトトレーニング”を教える仕事に就くために公務員を退職。専門学校講師・各種セミナー開催・パーソナルトレーニング指導など、フリーでの活動を始める。

◉――『ちゃんとキレイにヤセたくて。』（細川貂々／幻冬舎）にてダイエット指導の情報提供。本書が初の著書となる。

女性《じょせい》のための50歳《さい》からの筋《きん》トレ入門《にゅうもん》

2025年 2 月17日　　第 1 刷発行

著　者――西本　朱希

発行者――齊藤　龍男

発行所――株式会社かんき出版

東京都千代田区麴町4-1-4 西脇ビル　〒102-0083

電話　営業部：03(3262)8011㈹　編集部：03(3262)8012㈹

FAX　03(3234)4421　　振替　00100-2-62304

https://kanki-pub.co.jp/

印刷所――ベクトル印刷株式会社

　ISBN978-4-7612-7791-8 C0075